AQUARIUS

AQUARIUS

AQUARIUS

AQUARIUS

Catcher

一如《麥田捕手》的主角，
我們站在危險的崖邊，
抓住每一個跑向懸崖的孩子。
Catcher，是對孩子的一生守護。

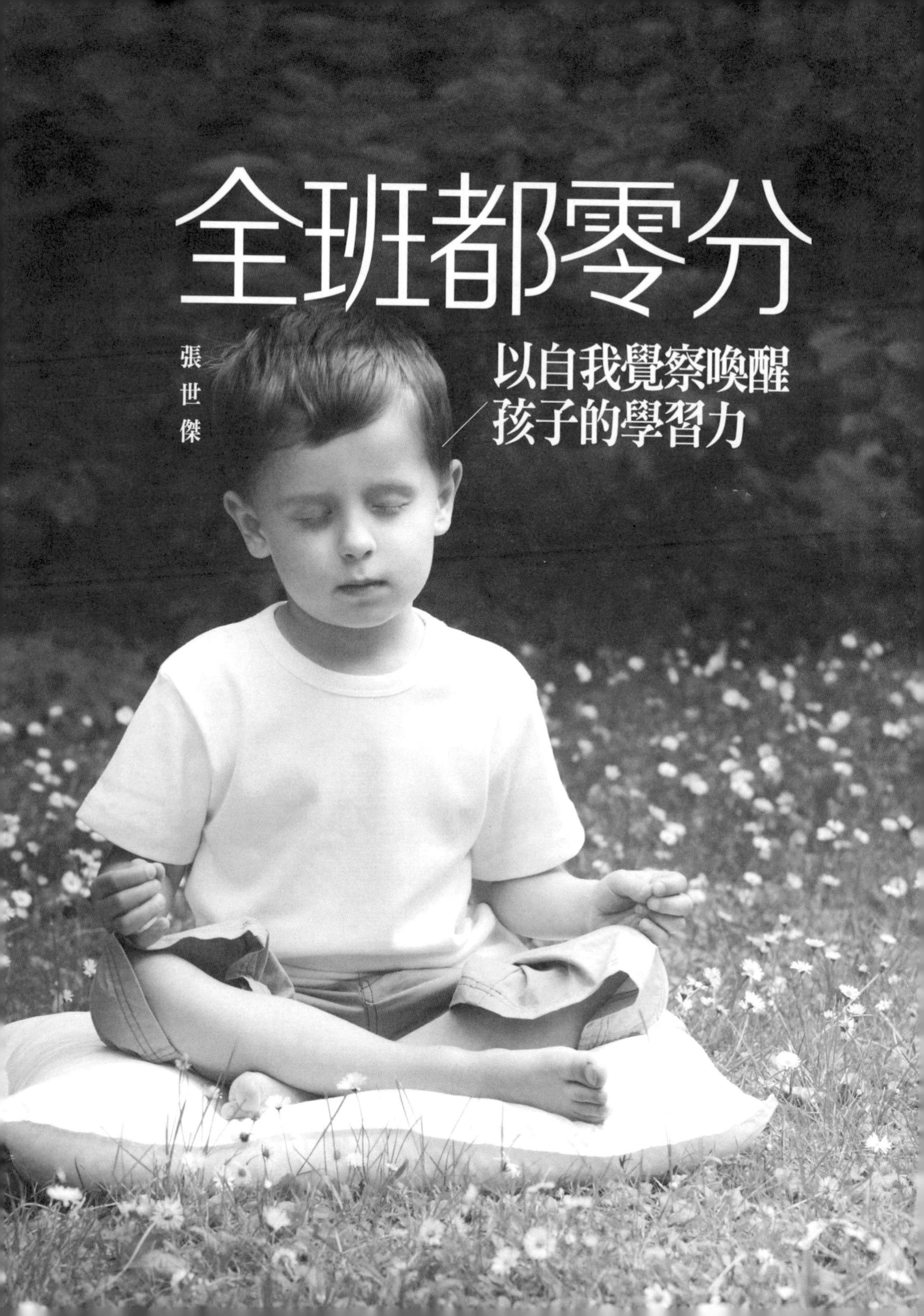

全班都零分

以自我覺察喚醒／孩子的學習力

張世傑

【推薦序一】

覺察當下的真義

台北市石牌國小校長／吳勝學

在世傑老師的介紹之下，我更明白正念（Mindfulness）是覺察當下的真義，而不只是正向思考。這些年來看到世傑老師在國內努力推廣此心靈課程，除了感動，也一直在背後支持他，更慢慢發現「覺察轉念」是大小朋友都要一起時時精進學習的智慧與功力，它同時可以增進師生關係、親子關係、學習效能和增加教師身心靈的能量。

世傑老師最讓我感動的地方就是默默地堅持，勇敢做自己，勇於跳脫既有教育思維，尋求更可行有效之道。〈全班都零分〉、〈這一節，學生說老師的缺點〉、〈這一節，老師教你打電動〉、〈全班都是「是長獎」〉的教育方案引起了社會大眾的關注，尤其是〈全班都零分〉要我們跳出分數框架的思維，常常在媒體中被重複引用，不但幫石牌國小擦亮招牌，更引導社會大眾重視教育專業，引領一種更深化心靈本質的教育思維。

世傑老師本身就是一位正念覺察的實踐者，並將覺察的精神帶進班級經營，而且進一步在本校教師專業學習社群、親職講座、週三研習及自己主辦的正念覺察教師研習中，不斷影響家長和老師。透過平面媒體和電子媒體，不斷提醒大家「正念覺察」的心靈教改觀念，還曾經向教育部長官推薦正念覺察的品格教育，受到肯定與支持。期望世傑老師能在教育的路上繼續發光發熱，成為翻轉台灣教育的一股正向力量。

【推薦序二】

困難澆不熄熱情

華人正念減壓中心創辦人兼執行長／胡君梅

看了世傑的《全班都零分》，被他深深地感動，當我們不斷從國外翻譯正念書籍時，國內已經有人寫出一本應用在教學現場的正念書籍。之前他自費出版，我非常興奮地買了十本，在書上做了上百個註記，不斷地吸收，到中國去時還送給當地的正念朋友，告訴他們台灣也有自產的正念書籍。新版的內容更是豐富，還有更多可以馬上操作的做法。

書中除了各種有趣的教法，也提到他遇到一些困難，但是這些困難澆不熄他的熱情。

世傑最讓我佩服的是他讓看似枯燥的正念變得很有趣，也許和他早期曾經去世界巡演有關吧！他像是一個頑童，用各種有趣的方式推廣正念覺察，他出書、拍紀錄片、演講、上廣播電台，還曾到我的華人正念減壓中心，演唱他自創的十三首覺察歌曲，讓現場的朋友被同理、被感動，我很想再邀請他演唱一次，原來正念覺察也可以用這種方式傳揚！從世傑身上，我看到了正念覺察行者的自在與灑脫。

他已經連續三年自己辦正念覺察教師研習營，試圖讓更多老師也能身心靈健康，找回教學的熱情，再讓這些老師去影響更多小孩。我相信在他默默堅持之下，我們的小孩、老師和家長有機會更幸福，我們的教育更有機會來一次根本的翻轉。世傑加油！

他們都衷心推薦——

台北市新生國小校長／邢小萍

這本書無疑是張老師對於教育現場的體察，最重要的是他對心靈教育的實踐。當一位老師有上天賦予的使命，教孩子成為他自己，教孩子成為一個完整的人；這個完整的人應該包含身體、心理和心靈三部分。張老師透過實例教孩子覺察當下，培養孩子的PQ（Presence Quotient）——覺察當下的智商。家長經常問的是：「有什麼方法可以使成績蒸蒸日上？」張老師則教孩子透過「覺察增進課業的大發現」。社會上關心的是：「孩子的好品格哪裡去了？」張老師則在日常的生活中實踐「平靜喜悅好品格深耕方案」。老師們念茲在茲的心靈自由，張老師提供了「突破框架、發現快樂」的好點子。推薦給您——不論您是家長或是老師！

心靈之美心理治療所院長／張艾如

與世傑老師結緣，始於二〇一〇年受邀至當年他任教的國小演講，然後很快地便發覺這位邀請我的老師是如此與眾不同，正是我所謂「鶴立雞群」帶著大愛任務的「鶴」啊！傳遞著愛的靈性能量、一身養生的功夫，以及超高的實踐力，潛移默化地在教育情境中影響著孩子！身為醫療人員，真的不得不佩服在教育界，居然可以找到如此落實心理學界目前當紅的「正念覺察」（Mindfulness）認知行為治療理念的生活實踐家，當真是位扎實將東方古老智慧付諸實行的教育家！

台灣正念工坊執行長／陳德中

多年指導正念的過程中，非常多學員都告訴我這個課程對他們幫助太大了，也有人感慨說，若他們從小就有機會學到正念覺察，可能後來就不用受這麼多苦了。因此，能將自我覺察訓練帶入學校教育，絕對是件意義重大的事。我非常認同世傑老師在點出本書主旨時所說的：「有沒有方法能輕鬆又容易轉化我們的心，讓自己更自在，讓世界更美好。」自心轉化了，外在的問題也會更容易解決，我想這在任何領域都適用。在國外，早已有不少大型機構及學校將「正念覺察」帶入教育體系中，並取得了相當良好的成效，我亦曾數度邀請世傑老師到台灣正念工坊開親子正念課程，課後廣受好評。很高興看到台灣本土也有這麼用心的老師將覺察教育帶給孩子們，相信正念覺察教育會是我們下一代的福氣。

心理學家／鄭石岩

張世傑老師所著《全班都零分》一書，記述了他帶領班上同學，發展啟發覺察力的教學實務。他用愛心、耐性和良好的觀察力，找出豐富的題材，進行覺察力的教導。他的教學設計有即席的創意，當下在現場引導孩子覺察、思考和會心。也有透過深思，按捺住孩子們的擾攘，經過沉澱思考後，才進行與孩子交流。更有透過閱讀、進修和體驗，而設計出來的教導素材。

我覺得這是一本有價值的實用書籍，值得教師和父母參考。孩子覺察力的發展，若能受到普遍重視，我們的教育品質，會向上躍升許多；對於教室的管理、孩子潛能的發展，以及整體社會性格的提升都有助益。

這方面的教學，有待我們努力的地方還很多。希望這本書是一個好的開始，能引起大家重視，有更多老師投入覺察力的教學，發展出豐富多元的教學設計和素材。

【自序】

正念覺察的教育之路

——老師的終極任務，就是幫學生找到他們的「內在老師」。

你快樂嗎？

假如我是一個外星人來拜訪地球，會選擇訪問台灣，問問台灣的人們：「你快樂嗎？」家長快樂嗎？老師快樂嗎？學生快樂嗎？

我希望可以喚起大家直接去覺察自己心中的感受，也希望台灣人是幸福的，尤其在教育方面。但是，一個一個問太慢了，於是我去查了一下各種統計資料，結果卻失望了！

為什麼大家都不快樂？

二〇一五年，《親子天下》調查：逾五成家長給台灣的國民教育打不及格，平均分數只拿到六十三分；近四成家長願意讓小孩讀實驗學校；超過一半的家長對台灣教育是不滿意的。為什麼會這樣呢？那麼，老師呢？二〇一一年，台北市教師會委託台灣教育研究中心，運用董氏基金會的「台灣人憂鬱症量表」，調查台北市教師的憂鬱傾向，結果發現：百分之四十八的老師壓力負荷到達臨界點，百分之三十六應尋求諮商和診療。老師也好像不太快樂。如果老師都不太快樂了，又如何給學生快樂呢？還有，為什麼老師不快樂呢？

家長、老師都不太好，那說不定學生比較好吧！但是，根據《講義》雜誌二〇一二年的調查，高達百分之四十五．八的小學生，因「功課繁重」而不喜歡上學。二〇一三年，兒童健康聯盟公布最新「台灣兒童福祉指數」，在兒童身體安全和主觀幸福感上，均遠遠落後先進國家。二〇一二年四月，《親子天下》針對國中生的「學習力大調查」顯示，放學回家以後，除了上補習班的時間外，近六成的孩子不太會想再主動學習新知識。台灣的小孩學習動機不足，又不太快樂。奇怪了！到底是什麼樣的教育理念，讓家長、老師、學生都不快樂？

不太乖的「外星人」老師

我查了一下地球的現狀，發現好像不能怪台灣，因為地球現在的環境面臨了生態崩解、資源耗盡、氣候變化、金融危機、厲病盛行、戰爭犯罪、貧富差距、憂鬱自殺、藥物濫用、食物毒素……等問題。好像也不是只有教育出問題，不只台灣有問題。那到底是哪裡出了問題呢？這是一個「問題星球」嗎？

我以一個「外星人」的角度，跳出來看目前的困境，發現在教育上，真的有太多地方需要深省。我們生活得太費力、太緊繃了，這世界可以說是一個充滿高壓的環境。但是，當我們一直付出很多努力時，有沒有思考過這些努力是否值得？還是不管有沒有意義，對我們的身心平衡有沒有幫助，都要做下去，因為「別人都這麼拚，我怎麼可以不拚」，因為「不拚怎麼會有競爭力」！

我們會不會太聽話了？乖乖地聽大人怎麼教，就怎麼過生活，聖人、大師怎麼說，就怎麼跟著學，沒有停下來感受一下當下的情境，感受一下自己內在的感覺，只是一味地跟著大家一起「拚」，包括教育的觀念。我是一個不太乖的靈魂，外表隨和，但是內在常常很反骨。我的看法常常和世人不同，連我都懷疑起自己是不是外星人。

覺察當下的智慧

媒體曾採訪我的〈全班都零分〉、〈說老師的缺點〉、〈教學生打電動〉三則新聞，後來，我自己又做了一個「全班都是『是長獎』」的活動。我試圖用破框的另類想法來提醒大家，我們有機會重新選擇幸福的教育。

也許讀者會想，我可能是一個積極的教改者，其實不是，我是接納現狀的，只是我認為，還有更重要的向度應該被重視。

根據在教育界多年的經驗，以及自己的人生經歷，我找到一種不那麼費力就可以讓人生很成功、很快樂的生活方式：覺察當下。這種能力，我稱之為ＰＱ（Presence Quotient），即覺察當下的智商，也就是「正念覺察」（Mindfulness）。這是一種非宗教、人人本有的潛能，強調從當下取得心靈自由的轉換能力，不讓情緒被外在的事件困住。

我帶領學生去體驗這種轉換能力，學生因此減少對課業的厭煩，提升了讀書效率（ＩＱ）；在遇到人際問題或情緒困擾時，能夠不再被情緒掌控（ＥＱ）；關於是非對錯的判斷，能觀察、守住本有的良知（ＭＱ，即道德智商）；遇到逆境考驗時，可以讓自己放掉過去，重新站起來（ＡＱ，即逆境智商）。

從二〇一二年到二〇一五年，我在台北市石牌國小高年級班級實施這項ＰＱ教學，進行了一系列的教育實驗，並將結果如實呈現於本書中。所有的事件都是真實發生的，沒有脫離現實的誇張劇情，不過，卻常有奇妙的心靈轉彎魔法。

也許當大家一直注意考試的百分等級「ＰＲ」值時，也該瞭解「ＰＱ」這種覺察當下的幸福理念。

接納正面，也包容負面

教育的進步不在制度的轉變，而是心靈的轉化，所有的改變都應從自己及現在開始，這就是正念覺察教育的核心理念。

即使學生的問題產生於原生家庭，即使現今的教育體制不能令人滿意，但是此時此地，心靈就可以自由轉換，不用期待外界來給我們安心。運用覺察的口訣：「慢慢輕鬆看」，看著每一個當下的外境，或內觀本心的實況，外在的世界就會開始不同，而心靈也將開始邁向自由。

所謂「慢慢」就是把自己的動作放慢，通常情緒來的時候，我們的念頭都很快，所以這時要放慢一些。「輕鬆」就是告訴自己不要太緊張，不管什麼情緒，通常是很緊繃的狀態，也就是卡住了，因此要告訴自己放輕鬆。「看」就是看著自己的念頭，也就是覺察現在自己的狀況，生氣時要知道自己生氣，難過時要知道自己難過，恐懼時知道自己恐懼，不要把情緒趕走，也不要一直跟著感覺走，只要「慢慢輕鬆看」就好了。

我們教育的主流思維太注重要用腦想、往外看、用力學、常比較、重成果，也就是強調「正面」的力量，否定負面的力量，但是，人生也必須有一個包容正面與負面的「全面」力量，才會圓滿完整。就像太極圖一樣，白色（正面）和黑色（負面）相互擁抱後，才會形成一個圓滿，輕鬆地轉動我們的生命。

正念覺察教育注重的就是全面觀照當下，注重學習過程，減少比較，接納結果，發現每一件事的意義。如此能補足現行教育之不足，讓教育更圓滿。

發現「本有」的心靈寶藏

人有三種寶藏。第一種寶藏是外塑時的優異表現，這是我們現行教育最擅長的事，可以訓練好多優秀的人才。第二種寶藏是與生俱來的專長，當我們去開發它，重視適性教育，就會讓人發揮天賦，發光發熱，就像現在的十二年國教的精神。

然而，在這兩種寶藏之外，還有第三種，就是「本有」的心靈寶藏。它無關任何宗教，一直非常完整存於內心，只是我們現有的教育方式不重視。它是直覺力、靈感力、創造力，是一種不必太努力就能發現的力量。它讓牛頓發現萬有引力，愛因斯坦發現相對論，王陽明頓悟致良知，使人當下頓悟。

這本書就是要帶領大家從教學現場中，去發現這種「本有寶藏」，讓每一個人發現自己的本有價值，讓大家知道就算才學、品性不足，也一樣很棒，而真正體會到人的平等心。

我覺得一個老師不是讓學生知道老師有多厲害，而是要讓學生發現他們自己有多厲害。老師的終極任務，就是幫學生找到他們的「內在老師」，讓內在老師帶領孩子去看到他們本有的寶藏。

全班都零分

以自我覺察喚醒
／孩子的學習力

目錄

目錄

四、突破框架的行動力

五、自我覺察的反省力

六、正念覺察的實踐力

一、啟發主動的學習力

ＰＱＰＱ真的好Ｑ，珍珠奶茶沒它Ｑ。
覺察覺察是好茶，歡迎歡迎來找茶。
作業作業，常寫到三更半夜；補習補習，我比較喜歡缺席。
考試考試，我都很少考到九十；班排校排，我比較喜歡雞排。
訓話訓話，我會在你面前聽話；說教說教，聽了我好像想睡覺。
安靜安靜，那不是小孩的本性。
讀書讀書，沒教我讀心裡的書。

肩上的書包太沉重

深夜的補習街

有一天晚上教完社區大學的成人覺察課後，我走到了學校外的補習街，雖然快十點了，還是有不少學生走在街上，遠遠地，只見幾個國中生揹著沉重的書包慢慢從補習班出來，結果非常巧地，我遇到了兩年前畢業的學生，以前擔任他們班五、六年級導師的時候，我曾帶著全班一起練習覺察。

「老師，你不是住淡水嗎？為什麼這麼晚還沒回家？」她先開口了。這句話應該是我問她吧！

「老師剛上完社大的課。你怎麼現在才回家？」

「補習。」

「補到幾點？」

「補到九點，剛剛看書到十點。崔西還在裡面問老師問題呢！」崔西也是我帶畢業的學生。

「喜歡讀書嗎？」我直接問她。

「誰喜歡啊！」她很不屑地回答我。
「既然不喜歡，那是誰要你來補習的？」
「國小時是爸媽要我來的，國中時是我自己想來的。」
「為什麼要來補習？」我問。
「因為不補更慘！」她笑著回我。
「那補了有用嗎？」
「有啊！超有用。」她笑著回答。
「那成績有進步嗎？」
聽了這個問題，她狂笑著回我：「不知道。」我們兩個一起大笑了起來。

我們的孩子過勞了

可是，送走了學生之後，我剛剛跟她同聲大笑的心情立刻沉重了起來。也許這笑聲是給台灣的教育吧！學生學那麼多，考那麼多，那麼辛苦，成績也沒有比較好，然而，最珍貴的快樂卻不見了。
「過勞」這個名詞在新聞中時有耳聞，勞委會還在九所醫學中心開設了「過勞門診」。然而，二〇一一年兒福聯盟的調查發現，我們的小孩也過勞了：
1.有近四成學童累垮了，還有約九成的國中生都沒睡飽。
2.情緒與體力的消耗，國中生較國小生嚴重。

3.百分之五十一．九的學童週末都在補習。

調查報告發現，台灣有百分之十二．七的學童過量疲勞，百分之三十四．二的學童中等疲勞；百分之二十一．九的學生覺得課業是沉重負擔，甚至有百分之十九．四的學童覺得，繁重的課業已經超出了身心負荷。

我想，我們不是不願意讓小孩體會「不經一番寒徹骨，焉得梅花撲鼻香」的人生考驗，但是對於還在發育成長的小孩，我們怎忍心讓他們提早面對身心失衡的生活，剝奪他們快樂的童年，用成人世界的功利價值讓他們如此過勞？

我們的孩子過的是這樣的生活：早上七點出門上學，晚上十點多才回家，好不容易回家後，又要開始準備隔天的作業和考試，等這一切都結束了，已經超過半夜，隔天還要早起，這樣打拚之下，成績卻不見起色……這是什麼樣的荒謬教育？即使是其中少數的成功者，例如有個北一女的學生告訴我，她的國中生活只能用「夢魘」來形容！

成績差的小孩自我放棄，成績好的學生時時緊繃。他們是未成年的弱勢族群，只能乖乖聽話，任由這個過度競爭的社會價值在他們的過勞上呈現，用校排來定義他們的價值。

誰為我們的小孩說說話？

安親補習班的忙碌日子

沒完沒了的「加班」

有一天，我學孔子問學生：「盍各言爾志？」特別跟孩子們聊他們在安親補習班的情形。

首先，我問他們在安親班上什麼，絕大部分學生都是回答補英文和數學，時間比例也大同小異。

珍妮特：「一星期上三天，一次兩個小時。」

艾倫：「一個禮拜兩天，一次兩個小時。」

山姆：「星期一到五，每天從放學一直待到爸媽來接。」

最誇張的是杰，他一個禮拜上五天，每天三個小時，成績也不見起色。

這些孩子每天放學之後，仍要繼續「加班」，而且是常態性的。我在想，難道學校教的還不夠嗎？也沒有考那麼難，為什麼要補成這樣？

接著，我問他們在安親班都做些什麼，大家的回答五花八門，有的是寫一本本評量、一張張考卷，還有考試、口試，甚至到台上朗讀測試，還有同學提到上英文雜誌。

沒完沒了的測驗卷

那補習班要求的標準呢？

布沙說：「英文小考要九十分，大考要八十五分。」

克萊兒說：「數學要九十三分以上，少幾分就打幾下。」

「打哪裡？」我問克萊兒。

「打手心。」

「真的假的？所以考九十分就打三下？」我問。

「對！」

威爾的補習班標準更高，數學月考要考九十五分，字要寫端正。山姆也是每一科都要九十分。

輪到哈利，他很誇張地說：「英文要九十分以上，不然就會寫到死！」

「什麼叫寫到死？」我問。

哈利傻笑著回我：「就是寫一大堆測驗卷啊，寫到手斷掉！」真是可憐的小孩啊！

沒完沒了的補考

接著我問：「如果沒有達到標準，安親補習班會怎麼要求？」

溫蒂：「整張考卷抄三遍！」

布沙：「留下來上課，或重新考小考。」

音速：「要是低於老師的標準，就少一分打一下。」

「你對『打』有什麼感覺？」我問音速。

音速：「每次考不到規定的分數就要打，但打了也沒有用啊！我們又不是什麼動物，為什麼打了就會聽呢？假如達不到老師的標準，就一直被打，這樣不是打到大家都會放棄？我覺得老師不應該打人！」

音速說出了心中的憤怒，不過，在分數掛帥的世界裡，他的聲音是渺小的。

丹尼爾：「考不好就一直補考、補考，補考不到老師的標準，還要罰寫，我曾經抄到二十次。」

「二十次？」我非常驚訝，心想這個老師會不會太誇張了。

其他同學也紛紛發言，提到自己曾被罵、罰站、扣獎卡等等。

其實，安親補習班的老師也有其工作壓力，我不怪他們，只是對這個我們視為理所當然的「分數至上」觀念很無奈。也許這就是我們的「教育共業」。

被強迫的學習，不一定能持續

可是這樣子補習，對學業到底有沒有幫助？

如我所預期的，有幫助的人還是比較多，怪不得安親補習班可以大行其道。這樣看來，安親補習班也有它存在的價值，至少讓一半的學生成績進步了，而另一半學生就只是補個安心的。

只不過，由於很多補習班教的範圍都超前了，內容很難，學生若學不來可能被罵笨，或者只能以「不補會更糟」來安慰自己。像這樣被強迫學習的孩子，即使成績補救回來了，若哪一天他可以不讀的時候，試想，他還會認真讀嗎？

無奈的心聲

聊到這裡，我直接邀請大家說出心中的想法：「說說安親班對你的感覺，直截了當的一句話。」

丹尼爾：「作業好多，但是為了國中又不能不去。」

克萊兒：「不喜歡。」

溫蒂：「就一個字——恨！但是又不能不上。」

珍妮特：「有好有壞，至少我學到很多東西。」

楚門：「很無聊，又很不想去。」

音速：「很討厭！」

艾倫：「非常痛苦！」

朵莉絲：「很無聊！」

面對討厭，感受討厭

最後我安慰大家：「安親補習班真的有幫助，我也知道大部分的同學都不喜歡卻被逼著去，這也是一個面對挫折的練習。

「人生不如意的事很多，如果『跟隨』心中討厭的念頭，一直告訴自己好討厭好討厭，相信你會更痛苦；也有人明明不喜歡去，卻『壓抑』自己的情緒，勉強自己去，學得也很痛苦。『跟隨』討厭或『壓抑』討厭都不是最高明的，最高明的方法是面對它，感受一下這個討厭。

「老師給你們的建議是先和家長溝通看看可不可以不去，自己安排自己的讀書計畫，像平常老師教你們做的讀書計畫一樣。如果還是被強迫去，就接納吧，你無法改變父母多少，帶著接納的心反而是最省力的，同學們，辛苦了。」

當下，就是改變的起點

我們的教育其實一直在改進，以我待的實驗小學來說，學校的課程更人性化，有「三個沒有」：沒有課本、沒有傳統作業、沒有傳統測驗；「三種課」：早上的主題統整課、下午的自由選課，以及週五由不同年級組成的家族課。為了讓活力十足的小孩多一些運動，不僅在上課前有四十分鐘的運動課，有一節的下課也長達四十分鐘，還會常有戶外的探索活動。打破學科限制，透過「主題統整課程」連結各學習領域的知能，回歸學習本質，讓學生更具備學習的完整性及自主學習的能力。

如果體制內也更有彈性，相信我們的小孩會更有生命力，而不是深夜還揹著沉重的書包從安親班出來，再用沉重的心去面對明天一次次的考試，和未來的會考及學測。台灣的教育應該要慢慢覺醒。

然而，在外在制度沒有改變之前，我們的「心」可以先改變。「人心不改，教改改不完」，至少我們可以在現在的教育制度下，找到自己的平衡點，不要過度助長這個分數至上的標準，讓過勞的小孩多一點喘息的空間和自由選擇的機會，儲備他未來人生發光、發熱的能量。

要改變教育，不一定要等到什麼制度創立，或是實驗學校成立。當下，就可以是一個改變的開始，這就是覺察當下的核心教育理念。

當下覺察靜心，就是一個轉念的起點。

自我覺察，提升成績的大發現

覺察，讓孩子成績進步了

推動「覺察」這種心靈教育，或許會讓人先入為主地認為它可能不利於學業，因為重視心靈就是要我們放下、不競爭，但學業不是要積極、要競爭嗎？然而，我的發現卻正好相反，覺察，讓班上同學們的功課和成績都有明顯的進步。

我想，一般家長對小孩寫功課不用心的情形一定很頭痛。常有家長跟我反映孩子回家就是不愛寫功課，愛玩電腦、愛打電動，寫個功課都要三催四請，而且還拖拖拉拉，字寫得歪七扭八，內容錯誤百出，責罰後稍有改善，但很快又故態復萌。還有，就是數學常常很粗心地犯錯，明明會的題目卻一直寫錯。

孩子們有多討厭數學，看他們上完課的反應就知道。六下數學最後一個單元教完時，我說了一句：「小學數學全部教完！」全班立刻發出歡呼聲，把書丟高高慶祝，還有同學把書放地上用力踩，彷彿要發洩心中長期的不滿。我只能說：台灣的小孩辛苦了。

我曾問過班上學生對各科目的喜好，其中，討厭國語、數學、英文、自然的人最多，常常可以自由活動的綜合課則很少人討厭。大家最喜歡的一門課叫「下課」，再來是自由活動課，接著是體育課和電腦課。

「老師，我覺得自由活動課比較好，因為下課只有十分鐘，自由活動可以玩一節。」

「對啊！」一個孩子說出心聲，緊接著好多同學附和。這句話還真是學生的肺腑之言，於是下一節課，我就帶他們去自由活動一整堂，愛玩什麼就玩什麼。

這些功課和學業的問題沒改進，久而久之就讓父母生氣而影響親子關係，並降低了孩子的學習熱忱，所以學生才會在放假時就欣喜若狂，要開學就鬱鬱寡歡。

然而，這一切對功課的抗拒和沒效率，在我教導學生進行覺察下有了一些改變，而且是以輕鬆的方式改變。

寫功課前，做三分鐘覺察練習

我沒有施什麼神奇的魔法，我只是教他們一件事：**在寫功課前，靜坐「觀察」自己三分鐘，如果很煩，就感覺一下自己的煩。做完這個「三分鐘覺察練習」後，再去寫功課。**

為了避免不懂覺察的家長誤會，我還在聯絡簿上寫著這一項功課叫「專注力訓練」，其實我的目的是要學生用覺察來讓自己專心，但「專心」是一般人比較能接受的觀念。

◆把心放在當下的事情上

隔天，我詢問學生做這項「功課」的心得。既然是功課，我原本不預期有什麼特別的效果。

雪莉搖搖頭說和平常一樣，依森露出了靦腆的笑容，也說還好。我心想，你們真的有照做嗎？還是……覺察沒效？就在我遲疑時，陸陸續續有同學開始發表心得。

小白說：「老師，我昨天做完覺察練習後，寫功課比較快，而且全對。」

我問：「平常不是這樣嗎？」

小白：「不是！平常我都會想到別的事。」

我心裡有一點開心，回應他：「覺察可以讓我們把心放在當下的事情上，所以比較不會受外界的影響，很好！」

比爾聽到小白的話，馬上補充：「我也是。我覺得做功課比較專心，不管旁邊的人講什麼話，我都沒感覺。」我為他感到高興。

看小丁露出了甜美的笑容，我問她有什麼收穫。

她說：「就是有一點點不一樣，難的數學題目，都變得簡單了，而且比較專心地寫，所以功課寫得比平常快。」

我轉頭問崔西，害羞的她小聲說：「覺得寫功課變快，題目變簡單了。」

我說：「原來覺察還可以讓數學變簡單，有這種覺察的人學手。」還真有不少人舉手。

雪人說：「老師，我發現功課變好玩了，寫起來不費力。國語生字筆畫多的字寫起來特別快。直笛也是，練個五分鐘就背起來了。」

「所以做功課前進行覺察，對你是有幫助的？」我問。

雪人說：「對啊！覺察真是實用。」

◆讓人心情平靜了

這時話匣子開了，大家七嘴八舌地討論起來。

討厭寫國字的溫蒂開心地說：「我昨天在寫生字甲本時變得比較快！」

「我也是！我昨天在觀察自己後，心裡很平靜，吃飯吃得快，功課也寫得快。」傑斯說。連平常非常抗拒做功課的傑斯都這樣講，就讓人覺得有一點神奇了。

不過，也不是每一個人都那麼興奮，也許是對他們沒有效果吧。但是剛開始施行就有這一點成效，我覺得很欣慰，相信有些人在聽完同學的心得後，會想要好好體會。

隔了幾天，看到兩位同學寫在日記裡的心得，讓我更欣慰。

雨晴：「對我來說背英文是很困難的，但是觀察之後，我發現沒有那麼難，只要專心地背，二十分鐘就背好了。寫功課不會像以前都沒精神，反而更有活力。」

史丹利：「對我來說最困難的是寫功課，但是觀察後，我發現它只不過是可以練習的機會，加上老師教的『慢慢』寫，突然覺得變簡單了，好棒哦！」

這真的是魔法嗎？我有一點難以置信，只不過是在寫作業前覺察一下而已啊！

◆ 彰顯原本就有的能力

不過，畢竟覺察是一項寫在聯絡簿上的「功課」，我沒有把握他們在沒有這一樣「功課」時，自己還會不會進行。但是淩茉、阿嬤和巨嬰的回饋，展現了覺察讓人「靜心、專心」做事的功效，有時候要輕鬆前，還真的需要稍微用一點力。

淩茉：「寫功課前，我的心情深深地沉下去，坐在書桌前愈想愈氣。老師說寫功課前要先覺察，我做五分鐘，不氣了、開心了，真神奇，還全對。」

巨嬰：「做了幾次的覺察練習，我發現自己的心情可以掌控了，像現在我已經可以在五點之前專注地完成功課，寫作業不再那麼痛苦，也可以帶來喜悅。」

米娜：「我覺得功課變簡單了，不只簡單，還寫得很快，好像有人給了我魔法，真是十分有趣。」

阿嬤：「今天功課很多，我卻沒有寫很久，才花了四、五十分鐘，因為我用了覺察，我發現覺察十分好用，只要遇到不愉快的事，統統都可以變成好事，就像魔術師一樣神奇。」

原來，覺察不是什麼魔法，而是它讓我們原本很抗拒的想法休息，讓本來就有效率的能力彰顯，這些學習成效不是增強得來的，而是發現得來的。

不是功課難，是接納功課很難

領悟了這一點後，我想運用在孩子們最討厭的作文上。有一天我宣布：「今天有一項作文功課。」

「啊！」話一出口，全班傳出一聲非常淒厲的慘叫，這是我事先就預料到的。

「有沒有人覺得沒關係的？」我問，有七個人舉手。「為什麼沒有關係？不是很煩嗎？」

史丹利說：「反正早晚都要做，伸頭也一刀，縮頭也一刀，寫就寫。」聽起來，我好像變成一代暴君了。

我覺得這是一個機會教育，便順著他的話說了「朝三暮四」的故事，也請他們「接納現狀」。當我覺得大家應該可以接受時，又問：「有沒有人現在仍然覺得今天不要寫的？」

天啊！還是有二十幾個人不能接受，他們還真是不屈不撓。

「好吧！那今天就不寫了。」

「耶！」全班歡聲雷動。

「騙你們的，還是要寫。」

「哦！」又是一陣失落的哀號。

◆做功課變得更有效率

這樣玩了幾次後，我問大家：「老師是不是操縱了你們的快樂？你們把快樂的鑰匙都交給我保管了，我用出與不出作文作業就可以讓你們的心情七上八下。」

有些小朋友懂了。

這時我再問一次：「你今天可以寫作文沒關係的，請舉手。」這回增加了七個人。

「恭喜這些同學恢復『自由』之身，不再被我宰制。其他不能接受的人怎麼辦？還是要寫，請接納吧！不過至少你們講真話。」

在講完題目、大綱及寫法之後，我請他們去覺察自己對於這一項不喜歡的功課的「討厭感」，這也是今天的功課。

當然，不是每一個人都會有突破。覺察真的不是魔法。大多數的學生還是討厭作文，但是有兩位同學寫在日記裡的內容卻有一點不同。

小明：「我從一年級就非常討厭作文，今天做完練習後，變得沒有那麼討厭了，不過還是希望不要有作文。」

安妮：「覺察讓我寫作文比較流暢，寫得比較快，錯字比較少，我現在沒有那麼討厭作文了。現在寫功課比較靜得下來，不會受到外面的雜音干擾，也寫得很順利，讓我有多餘的時間做別的事。」

其實我並沒有給他們吃什麼神奇小藥丸，或是對他們施什麼魔法，我只是讓他們啟動本有的靜心能力，心靜下來了，專注力就會提高，學習效率自然會提升。

不是功課難，是接納功課很難。

我教了二十年的書才發現，原來覺察是一個讓做功課有效率的方法，為什麼以前都不知道呢？

以覺察告別考試失誤

恐怖的數學考試

除非你是數學高手，否則每一個人應該都有看過很「複雜」的難題，也曾得到很「簡單」的分數。其他科目一次頂多扣一兩分，但是數學比較「昂貴」，一不小心就被扣五、六分，讓人得到「肝腸寸斷」的分數。

尤其考試時更恐怖，一緊張起來全亂了方寸，有人看錯題目，很開心地寫了一大段；有人好不容易算對了，結果寫錯答案；有人忘了寫單位；有人太愛錢了，多補了個零；有人的算式沒對齊，下面整個錯了；有人少看了一個字，整題都毀了；有人卡在一題，把簡單的題目空白著。更誇張的是一緊張起來，名字忘了寫。

結果，考卷發下來時，有人搥胸頓足，有人仰天長嘯，有人拍桌打頭，有人淚眼汪汪，有人蓋住分數，有人準備練好身體接受父母的大刑，真是折磨啊！

「這一題我明明會，為什麼會看錯！」

「又是粗心！」

「老師！我要重考！」

彷彿放下考卷後，人才開始覺醒，然而早已後悔莫及，好多人都是事後諸葛。也就是這樣，明明會的題目卻丟分數，才讓人那麼害怕面對數學，久而久之造成對數學的心理障礙。

但是，有了考前覺察後，一切都有了改變，事後諸葛可以變成未卜先知。

不是不會算，而是情緒不平靜

米娜就是「數學受害者」，她的國語常常滿分，但是數學常考八十幾分。

「老師，我每次數學都粗心，常常考八十幾分。」

「是啊！因為你常計算錯誤，很可惜。為什麼呢？」

「因為我考試都很緊張，所以常出錯。」

「為什麼緊張？」

「因為怕考不好，考不好自己不高興，還會被罵。」

「你對數學的感覺是什麼？」

「恐怖！緊張！」

「所以有心理的障礙了。」

「是啊。」

米娜的問題，其實也是大家的問題，不是不會算，而是情緒無法平穩，所以一緊張就亂中出錯。

考前覺察的實驗

有一次看《深夜加油站遇見蘇格拉底》這部影片，看到男主角被丟下水後，體會「活在當下」的那一段，突然有了一個教學靈感，心想，我也可以用這一招，讓他們在考場平靜考到好成績，不如來試試吧！

我想用科學步驟來驗證這個「哲學」。我們班是實驗組，並找來隔壁班當對照組，兩班的受試者有同質性，而介入的方法是「考前覺察」。具體的策略是放電影《深夜加油站遇見蘇格拉底》中，一段強調覺察的影片給實驗組看，並帶領他們做覺察練習。

考前做覺察；寫考卷時，清楚地看著每一個字。這就是活在當下。

◆ 覺察練習

坐在自己的位置上，腰挺直，收下巴，上半身保持像量身高時的姿勢，把手放膝蓋上，眼睛微微張開或閉著，想著：

「雖然等一下就要考試，但是我仍然在這一個時刻，我真真實實地在這一刻，我也坐在這裡，真真實實地坐在這裡，我正處於此時此刻，請回到此時此刻，回來！」

讓跑到外面的心回來自己身上，讓跑到下一秒的心回到這一秒，清清楚楚地觀察著這一秒發生的事，也許你的心情是平靜或緊張，但是都沒有關係，只要感受它就好。感受它，就是活在此時此刻。像剛剛的主角一樣，完全活在當下。心情緊張是正常的，讓它存在就好，不要一直加強它，讓它存在就好，也不要急著消滅它，當你接納了緊張，心就會平穩，把注意力放在自己的身上，看看自己的心，就這樣看著，持續地觀察自己。

考前，我再提醒他們，等一下考試時就觀察自己寫字的動作，清楚地看著每一個字，這就是活在當下（覺察指導語：「全班都零分之覺察練習——考試前的覺察」可上網搜尋到，參見第二六一頁）。

◆令人振奮的結果

實驗組經過這些介入後再考試，對照組則和平常一樣地去考試，控制的變因是考試的題目、時間、兩組的年級和期中考的數學成績，兩班有實驗前的同質性。

要觀察的是「失誤分數」的差異，也就是說，如果我們班的失誤分數比對照組少，顯著達到水準，就代表這個「考前覺察」的方法有利於降低失誤分數。

考完試後統一批改，並由學生計算出自己「非實力」的失誤分，包括看錯題目、抄錯數字、寫錯答案、漏寫題目。實驗數據由專業的統計軟體做檢定。

結果讓我很興奮的是，實驗組（我們班）的平均失誤分數是十分，對照組是十六分，統計結果是兩班有顯著的差異。其實我統計過，我們班之前的失誤平均分數也大約是十六分，和對照組是一樣的。所以，這一次的教學研究是成功的。

◆失誤的分數減少了

有同學寫下了心得分享。

雪人：「看完影片後寫了一張考卷，老師教我們要覺察筆摩擦紙的感覺，我發現題目好像變簡單了，所以我覺得凡事只要覺察，就一定有好結果。」

萌萌：「今天的影片提醒了我把握當下，我真正地認識了當下。有時我會忘了『此時此刻』，而在發呆，但在寫考卷時我體會筆接觸紙的力道，我感受到此時此地。」（萌萌從上一次的考試八十分進步到滿分。）

瞳瞳：「男主角專心地墜落、洗澡、參加徵選，我上次跌倒時也專心墜落，那時應該就是活在當下吧。」（瞳瞳從八十三分進步到滿分。）

小明：「老師給我們看這一部體操影片，因為主角有覺察，所以不緊張，發揮了潛能。」（小明也是拿滿分。）

帥哥：「這部影片讓我發現覺察在我們的生活中很有用，而且可以讓每一件事情做得很好。」

（帥哥由七十幾分進步到九十八分。）

巨嬰：「那位老人是一個很會覺察的人，因為他知道每一秒都在發生事情，當下是很重要的，也很輕鬆的。」（巨嬰由八十分進步到滿分。）

當然，並不是每一個人都很好，仍然有人在哀號，他們還是老問題——粗心犯錯。如果學生不相信、不去做或是沒體會，結果應該還是一樣；若是自己的數學實力提升了，或者題目的難易度也會影響考試成績，所以還值得再研究。不過，至少從客觀的統計結果可以推斷，考前的覺察靜心有助於降低數學的失誤分數。

◆事後諸葛變成事先孔明

我又找米娜來聊一聊，問她這一次考試的心得。

「米娜，這一次考得不錯，有心得嗎？」

「這一次我比較不緊張。」

「為什麼？」

「因為我在感覺自己時，緊張好像就減少了，題目也看得很清楚。」

也許考前的覺察，讓當了五年「事後諸葛」的她變成「事先孔明」了。

覺察，是一種能具體表現的實力

在這次實驗之後，每次考數學前，我都帶著學生們做「考前覺察」練習，沒有放那段影片。因為受到了分數的激勵，大家都很認真地進行覺察。

後來，我又統計了兩次考試的失誤平均數，分別降到七分和五分，學生們的數學成績普遍進步了，大家露出了滿意的笑容。我們似乎用覺察神兵打敗了粗心惡魔。

到了期末考，有二十二個同學數學考九十分以上，三位一百分，還有幾個很難考九十分的孩子，從平時考到期末考一路長紅，都接近滿分，這真是令人振奮！

滿分的小明告訴我，他在考試時檢查出一題應用題的錯誤，不然就掉到九十五分了。他很開心覺察幫了他。我想，他這種「當下清醒」的例子，應該發生在不少人身上。

升上六年級後，課業應該加深、加廣了，然而，六上期中考的數學，也有二十個人考九十分以上、六個一百分。期末考的失誤平均數攀升了，但仍然維持在十分以內，明顯地比以前的十六分低很多。

孩子們的學習和之前比較，除了「覺察」，我並沒有多增加什麼教學策略，所以真的又再一次驗證了輕盈卻有威力的覺察成效，用簡單的方法，就能達到令人滿意的結果。

原來，覺察不是一種抽象的能力，而是可以具體呈現成果的實力。

點燃孩子的學習熱情

讓孩子體驗熱情

我喜歡學習，對於自己不知道的領域常常充滿好奇心，所以我也喜歡學生熱愛學習。

我常常觀察學生最有熱情的事，即使是不符合我們主流價值的次級文化，我也很重視，因而常常有新的發現，也常常能引發他們的學習熱情，這是我教育工作的樂趣。

因為重視小孩的特性發展，所以我常鼓勵他們針對自己的興趣，主動去學習，還替他們做性向測驗，甚至預測了未來的職業取向。

◆未來的小說家

有一天，有四個孩子拿她們寫的小說給我看。羽茉寫了三千多字，我看完之後覺得很佩服；瞳瞳寫更長，大概有六千字。我一方面分享自己寫過的小說給她們看，一方面也想幫她們找地方發表。

我是三十幾歲才開始寫小說的，所以覺得有一點好奇，為什麼她們在小學就有這個興趣？後來看了內容之後，大概知道了原因——青春無敵，她們都在寫與愛情有關的小說，班上的小女生們已經對愛情有了憧憬，也許，是用小說來投射自己的心情吧！

後來有一次在閱讀課上，我看到瞳瞳、雨晴、晴天和安妮在寫小說。

「現在不是閱讀課嗎？我們學校幾萬本的藏書那麼好看，怎麼不看？」我問。

她們笑而不答。

原本我不太能接受這件事，但是我覺察了一下自己的心念，換了心情說：「好吧！老師就當你們是在寫書，以後準備出版給別人看，好好寫啊！」

她們露出了笑容，很開心地繼續寫。

我可不想埋沒未來的小說家。

◆數學探索家

「老師，我們發明了一種比較分數大小的算法。」

「哦，真的嗎？來，說說看！」我很好奇地問。

小潘和巨嬰來找我，跟我討論他們想出的數學新算法。

他們說出了一個規則，以我的經驗，一聽就知道破綻百出。但是我不想對這兩位「未來的數學家」澆冷水，只是舉了一個例子推翻了他們發現的計算公式，對他們說：

「沒關係，你們再去想想看，還有沒有其他的方法可以計算？」

兩人興致勃勃地回到位子上研究，過了一會兒，似乎又找到了一個定律。

「老師，我們又發現了另一種解法，就是……」兩人信心滿滿地跟我說。

我手邊雖然有一點事要處理，但還是放下，聽他們講。這一次他們比較周密一點，只不過我又舉了一個例子，破解了他們的定律。

其實我有一個衝動想告訴他們：「孩子們，你們不要再浪費時間了，照課本的方法又快又正確！」但是我忍了下來，請他們再去想一想。

就這樣，來來回回了四次。因為每次都被我破解，最後他們真的心服了，心甘情願地用課本的方法算。

雖然他們想要自創定律卻功敗垂成，但是我公開地讚許了他們：「希望同學們學習小潘和巨嬰追根究柢的精神，說不定有一天，我們班會有人得諾貝爾獎！」

這種教育方式是比較費時的。如果嚴格禁止，我會比較輕鬆，但是那就失去了教育的生命力。開放的態度可以點燃學生的學習熱情，即使他們最後沒有成功，但是探索的過程就是一種學習樂趣，我也樂在其中。

後來，小潘他們這一組的科展作業入選學校選拔賽，是本班唯一獲獎的作品，能夠獲獎是其來有自，我很為他們感到高興。

◆我們的「少女時代」

我們班的女生很愛跳舞。有一次，我看到衛雨和幾位同學在跳韓團「少女時代」的舞蹈，覺得她們很投入，便鼓勵她們跳，還主動幫她們找音樂，下課時放給她們當伴奏。經過不斷練習，她們已經能完整地跳完四、五首舞曲了。

「少女時代」的成員個個身材苗條，舞姿曼妙，是班上女生的偶像。也許會有老師覺得，為什麼要給學生跳這種太世俗、流行的媚舞？但是我的想法可不一樣，只要是運動健身，有何不可？況且舞蹈還賞心悅目。高年級女生是不愛運動的，難得她們有熱情去動，我鼓勵都來不及。

幾個女孩從五年級開始跳，到六年級時，我特別請了舞蹈老師教她們動作，還取團名叫「Shining Girls」。在學校九十週年的校慶園遊會上，剛好有一個布置好的舞台，我讓她們上台表演，第一次登台的她們跳得有模有樣，大放異采，博得如雷的掌聲。

我只是點燃她們的熱情，她們就自己全心地投入。這些舞蹈，就是她們的熱情帶領她們去完成的。

◆熱血書豪男

還有另一個團體也綻放著學習熱情，這一群熱愛運動的陽光男孩，我稱他們為「書豪組」。每到下課，我們班的「書豪組」就帶著籃球衝向籃球場，大熱天也不減熱情，連早自修下課到第一節上課那五分鐘都不放過，簡直是「一寸光陰一寸金」的最佳代言！若不是年近半百的我每次下場打球就閃到腰，也會常常陪他們打。

要向其他班同學說抱歉的是，我不但鼓勵「書豪組」帶球到學校，為了讓他們占得到籃框，還特准他們在第二節下課要跳健身操時，直接到操場的籃框底下跳，這樣就不怕沒地方打球了。不過，後來因為他們下樓跳健身操時不認真，暫時被我取消了這個先占籃框的優惠。要知道，如果不知惜福，天下可沒有永遠的特別優待。

把選擇權還給孩子

現在台北市教育局在推寒、暑假作業自訂，要讓學生學會自己來安排學習進度。其實，就算孩子什麼也不做，放空也是一種學習。

因為見識到了孩子們的熱情，在五年級升六年級的暑假作業中，我讓他們自訂一份他們「有熱情」去完成的作業。

於是，巨嬰這一組訂了找化石的計畫，有人說要練胯下運球，帶球上籃，還有人要進行減肥和長高大作戰，衛雨要讀五十本書，傑斯要畫五十張圖，想當歌星的米娜訂了要練好歌舞的計畫，有人要完成三千字的小說……

我要同學們提計畫，我則像指導教授一樣審核，計畫要包括：目的、方法步驟、成果報告與結論感想。

開學後進行成果發表時，我感到驚喜又感動，孩子們的創作雖不是專業，但是讓人看到了學習的熱情和生命力，這就是令我著迷的活力教育。我們要常常讓學生有選擇權，孩子們學習的本身才會有樂趣。

有一些實驗學校的做法，就是在幫忙學生重新找回學習熱情，例如：

- 台北市的南海實驗幼兒園，他們的主題課程是從生活中發現的問題去發展，不是事先訂好的。
- 新北市種子學園的老師們，常帶著孩子在遇到問題的當下去學習，而那件事本身就是課程。
- 宜蘭的人文國中、國小，還會為學生量身打造個人有興趣的課程。
- 桃園的諾瓦小學讓所有學生上主題統整課，打破分科，而且設計課程的老師一定要選自己有興趣的主題，因為校長說老師自己有興趣，才會引發學生的興趣。

解開讀書的心結

老師和家長一般都會站在「學科」角度，來要求小孩成績要好，但是我發現，班上每一個人的排名大都是固定的，很少改變。

除了學業極優的學生之外，其實大部分的學生都有他的「地雷」科目，也就是長期考不好的科目。這些科目給了學生一些不愉快的經驗，久而久之，變成一種「學業創傷」，看到這一科就會有心痛、不悅的感覺，很想逃避它；但是愈逃避，讀它的時間就愈少，讀得愈少成績就愈差，最後造成惡性循環。

要破除這個循環，必須從「心」下手，不是只一直逼他讀，讀不好就罵，那只會讓惡性循環更強烈。

◆用力罵討厭的科目

我用的方法是「罵學科」，針對那個你很討厭的科目，盡情地罵它，不要客氣。

當我說今天的作業是「罵學科」時，孩子們都覺得好新奇。

「真的嗎？我媽媽都說要好好讀書，老師卻教我們罵。」

我說：「是真的，你可能討厭它很久了，所以罵罵它，讓你平衡一下。但是記住，罵完還是要去讀，試試看這樣會不會比較讀得下去。」

隔天，朵莉絲說：「老師，我昨天一直罵我討厭的科目，罵得好開心，罵完後去讀，變得很有效率，讀得還不錯。」

我回應她：「對啊，因為我們是看心情做事的，心情永遠在前面，把心情調好了，事情就好辦。如果考得好，要讚美它一下哦！」

後來，朵莉絲果然考九十分以上，她非常開心。

有時逆向操作一下，反而會有意想不到的效果。

◆與討厭感共存

除了用罵的，也可以去「覺察」一下自己心裡的那種討厭感。通常當孩子有好好練習，和那種討厭感共存後，就比較能放下討厭感去讀書。所以面對討厭的科目有兩個「絕招」，就看哪一招適合你：一種是罵完後去讀，一種是覺察完後去讀，相信都會有不錯的效果。

讓讀書變成問答遊戲

開心的讀書會討論

上課了！但是我們這一班很吵。老師為什麼不管一下秩序啊？因為我們班在進行讀書會的問答，同學們正非常開心地討論課本的內容。

問：「國家公園禁止做什麼事？」

答：「砍伐樹木。」

問：「答對了！」

問：「生產消費可以做什麼？」

答：「促進經濟發展！」

這中間不免有同學趁機打鬧，或是坐姿不良，但是只要適當地引導他們回到課本，就可以看到學生把全部注意力都放在課本上，用輕鬆的態度和讀書結合。有些組在教室，有些組到教室外的空間，拿著課本，互相提問，也許不像老師提問的那麼精確掌握重點，但這是他們喜歡的一種學習方法。

實行了幾次之後，同學們常常要求我給他們一堂課做讀書會的活動。到了假日他們也可以相邀出去讀書，減輕一些功課壓力。

在小組內彼此互教、互相分享的過程中，可以發現孩子們的成績進步了。通常小朋友不太敢問老師或家長問題，但是遇到好朋友組成的同儕就不會害怕提問，如果適當地引導小老師們，可以讓他們「教學相長」。有幾個同學就分享了自己的學習成果。

◆大家一起讀書很好玩

比如楚門，他的成績不錯，身為小組長的他，常常帶領組員一起研讀問答。

「我們讓雷克斯考高分了！」楚門很開心地說。

肯恩：「我覺得這樣學習很開心。」他是個善言詞的小孩，這個活動剛好讓他可以好好表達。

珍妮這一組比較安靜，但是效果也很不錯。

蒂芬妮：「我數學進步了十幾分！是珍妮教我的。」

蘋果：「以前自己一個人讀很孤單，現在大家一起讀書很好玩。」這一組還常常假日相約去讀書。

◆學習的熱忱在心中燃燒

另一個「快樂組」，一直進行激烈的搶答。

我問他們：「這樣子讀書，感覺怎麼樣？」

「我們覺得這樣讀書很黑皮。」朵莉絲說，其他的組員也附和。

「對讀書有幫助嗎？」我問。

「不知道，或許有幫助，考出來才知道。」

「那有沒有讓你們更想要讀書？」我問。

「有！因為我要跟組員一起答，贏過其他組，所以很努力去想。」

「那你們以後會想要在一起這樣讀書嗎？」我問。

「會啊！二十歲再約出來讀。」每一個人都笑得很開心。

雖然孩子們的提問技巧沒那麼好，秩序也不好，但是可以看到學習的熱忱在他們心中燃燒。讀書要靠自己下工夫，但是有時候適當地組成讀書會，讓同學們互相分享，對學習會有很大的幫助。

把心開放，展現天賦

我常常去注意學生一窩蜂在做的事，除非是不法的事，否則我都仔細去覺察這件事的意義。

我們的學生常常被規定要學太多了，他們什麼能力都要培養，什麼科目都要學，但是我們很少問

我們班比較「吵」，但是吵得朝氣蓬勃。

孩子想學什麼？對什麼有興趣？我做的事就是在發現他們的熱情，再給他們機會發展，這個想法來自於「把心開放」的態度（也是覺察的特質之一），也就是不先入為主的想法。

即使他們學的不是主流或是大人期許的，只要不是做壞事，我都會鼓勵，這樣的人生才有樂趣和熱力，而且那是一種不用催促教導就渾然天成的天賦展現。

一件事會讓人感動不只來自於高超的技能，而是來自熱力不減的本能。

◆保存教育裡最珍貴的「生命力」

我們班的秩序真的不夠好，不管是我的課或科任課都比較吵。身為一位老師，管理班級常規的確是基本能力，但不是秩序好就代表教育成功，我覺得還有更重要的東西。

我們班是比較吵。我給予孩子們適度的發展，保存教育裡最珍貴的「生命力」。我們代表學校去校外參加足球比賽、打水接力賽、大隊接力賽，入選學校母親節才藝表演活動，班上並有九位同學的文章登上《國語日報》。我們接待過日本訪問團，參加過電視益智節目《百萬小學堂》，上過兩次新聞，五、六年級的兩次校慶都登台表演，在畢業典禮上也有表演，這些就是教育活力的展現。

學校是啟發學生潛能的地方，除了秩序，是不是還有更重要的？

◆讓教育活起來

如果為了方便和輕鬆，我可以用以前當兵時當教育班長那一套，孩子們一定馬上服服帖帖，然而，可能就看不到一個班的生命力和教育的創造力，所以我是刻意不去壓抑這股熱情的。

雖然以這樣的理念帶班，但我還是常常訓斥孩子們要守規矩，因為覺察是一種自我要求的力量，而不是要別人來配合我們。

自律需要長遠的學習，一開始的效果當然比不上以他律為主的教育方式，我也願意接受我們班會比較吵的事實，甚至因此承受帶班方法被質疑的結果，因為我知道教育的本質和核心。我會不斷變戲法，讓教育活起來，讓教育工作變成一種享受。

重新定義成功的標準

我覺得人生有三大遺憾：一是無法發揮自己的所長；二是無法瞭解每一個當下的美好；三是無法瞭解自己內在的本有價值。希望我們的學生可以減少這三大遺憾。

其實每一個小孩都能贏，就看我們有沒有幫他們想辦法。

不要因為太愛名聲，而埋沒了一個愛迪生；不要因為小孩少幾分，而失去一個貝多芬；更重要的是不要逼小孩達到我們的期許，然後造成親子不和，把他們逼到不法組織去了，那真的是辜負了他們的天才又浪費了社會資源。

在此舉一些成功典範的例子，幫助家長有更多瞭解，並重新定義成功的標準。大人的觀念，往往能決定小孩的人生。

◆ 八大智能的成功典範

- **語文智能：**莫言（「諾貝爾文學獎」得主）、金庸、李敖、吳淡如。
- **數學邏輯智能：**牛頓、比爾．蓋茲、數學奧林匹亞競賽得主。
- **內省智能：**陳樹菊、德蕾莎修女、證嚴法師。
- **人際智能：**黑幼龍、前美國國務卿鮑威爾、張小燕。

●**身體動覺智能：**林書豪、曾雅妮、林懷民、孫翠鳳、「小飛俠」柯比．布萊恩。

●**音樂智能：**Vitas（俄羅斯「海豚音王子」）、蘇珊大嬸（知名的英國素人歌手）、張惠妹、王力宏、五月天。

●**視覺空間智能：**達文西、畢卡索、謝坤山（口足畫家）、朱銘。

●**自然智能：**達爾文、珍古德、任立渝。

◆特殊學生的成功典範

●**學習障礙：**湯姆．克魯斯、蕭敬騰、愛迪生、邱吉爾。

●**自閉症：**愛因斯坦、牛頓、莫札特、貝多芬。

●**注意力缺陷過動症：**朱木炎（奧運跆拳道金牌得主）、菲爾普斯（奧運游泳八面金牌得主）。

●**視覺障礙：**蕭煌奇、黃裕翔。

●**肢體障礙：**力克．胡哲（澳洲勵志作家，天生沒有四肢）、謝坤山（只有左腳）、乙武洋匡（日本勵志作家，天生沒有四肢）。

◆不一樣的思考角度

●**不聽話的小孩：**可以當老闆。

●**愛講話的小孩：**可以當一流的推銷員。

- **太有主見的小孩：**可以當發明家。
- **思想怪異的學生：**思想家或哲學家。
- **愛玩玩具的小孩：**可以當工程師或水電師傅。
- **愛打電動的小孩：**參加世界電玩大賽。
- **愛玩的小孩：**當旅遊專家。
- **太胖的小孩：**當減肥達人。
- **功課很差的小孩：**可以幫別人減少課業上的壓力。
- **很愛頂嘴的小孩：**可以當律師。
- **很會揭人隱私的小孩：**可以當偵探或揭弊專家。
- **太愛搞笑的小孩：**可以當喜劇演員。
- **愛打架的小孩：**可以當警察。
- **很愛找碴的小孩：**當消保官或檢察官。
- **愛玩火的小孩：**可以當消防隊員，或是設計煙火的專家。
- **愛吵鬧的小孩：**可以當民代。
- **很會圓謊的小孩：**可以從政。
- **很愛唱反調的小孩：**可以當在野黨的民代。

大人心念轉個彎，每個小孩都可以前途似錦。

提升學習成就的實踐總整理

提高學習成效的四個要素

雖然學業不是人生最重要的事，但是如果能選擇，相信大家還是會希望能夠成績優良，名列前茅。其實，書要讀得好是有要領的，只要能找出成績不好的原因，善用學習優勢和方法，並激發動機，一定會讓孩子的學習意願增加，成績愈來愈進步。

影響學習成效的因素，大致來說有四個。

能不能（生理問題）

如果你腿受傷了，這時有人逼你跑五千公尺，你心中有什麼感想？有些孩子並不是不想學習，而是身體的因素引起，父母或老師應多瞭解這方面的知識，才能真的幫到孩子。

以下是生理因素影響學習狀況的常見原因，並附上相關電影供大家參考，有助瞭解：

- **智力**（《他傻瓜誰聰明》）。
- **學習障礙、憂鬱**（《心中的小星星》）。
- **注意力缺陷過動症**（《翻滾女孩》，二〇一四年「華人草根創意微電影金善獎」參賽作品）。
- **自閉症**（《馬拉松小子》、《雨人》）。
- **妥瑞氏症**（《叫我第一名》）。
- **思覺失調症**（《美麗境界》）。

會不會（方法和特長）

◆讀書方法

會不會的意思，就是有沒有善用方法和孩子的特長。

我綜合了高效能讀書方法，編成一首讀書方法歌，掌握了歌詞中的方法，讀書就能突飛猛進：

「老師告訴我，讀書有要領，身體健康擺第一。課前要預習，上課要專心，課後要複習。學習抓重點，常常做筆記，不懂要問到底，要常做練習題。學會時間管理，要有企圖心，讀書高手一定就是你！」

◆學習風格（聽覺、體覺與視覺）

聽覺、體覺與視覺這三種先天的學習特長，也會影響學習成效。

聽覺專長的小孩可以多用音樂、節拍、旋律，拍手、踏腳、吹口哨、錄音、有聲書、講故事等方式，結合學習。

體覺專長的小孩通常愛動，可以用帶動唱、演戲、比手畫腳、實驗、抄筆記、畫畫、拼貼、捏陶、跑步、比賽、走動等方式結合學習。

視覺專長的小孩可以用閃卡、心智圖、影片、速讀等方式結合學習。

沒有學不好的學生，而是我們有沒有找到最適合的方式教他而已，這也是對於適性教育的一種檢視。

◆學習金字塔

這個學習金字塔，也是學習成功的關鍵。老師上課不要都是用講述法，宜多用視聽媒體，讓學生也能多做演示、進行分組討論、舉行讀書會，直接讓孩子全程參與，並鼓勵他們教導別的同學。只要將學習面向下擴展，每一個人都有機會成為學習高手。

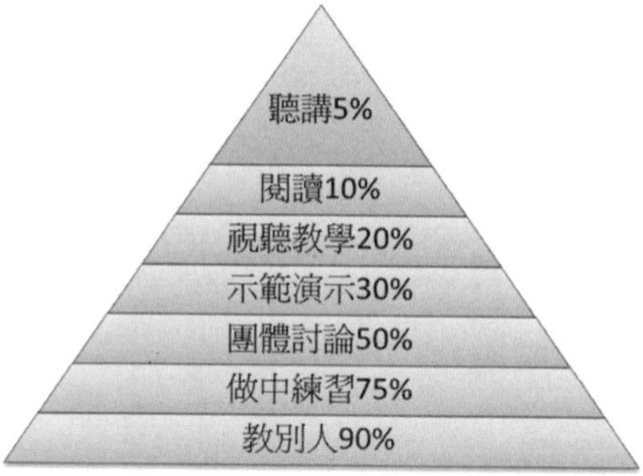

（原作者：Edgar Dale）

有沒有（讀書環境）

有時候，學習效果不彰來自於環境的干擾，所以給小孩一個有利的環境，會大幅影響他的學習成效。檢視一下孩子學習的環境中，有沒有促進他學習的環境布置，或者會影響他學習的外在因素，例如：書桌會不會太多干擾物？家裡會不會太吵？有沒有人陪讀？……等等，這些因素都會造成影響。

想不想（學習動機）

一個有心要學習的人，一定會找到好方法、好的學習風格和塑造一個好環境，讓自己學得好，所以如何幫小孩找回「動機」，是影響學習成就的關鍵。哪些因素會減損學習動機？而哪些因素可以增加學習動機呢？

◆減損學習動機的因素

1. 身心問題的困擾。
2. 學科長期挫敗的情緒。
3. 師長過多的指責。
4. 3C產品的沉溺。

如果沒有處理這些問題，即使補習再多、逼得再緊，效果也有限。就算小孩資質好，成績被逼得很好，但是上了高中或大學之後，照樣會回到原來的樣子。

◆增加學習動機的因素

相對地，增加學習的動機也有幾個重要法則：

1. 難度調到比目前的程度高一些，不要期望太高。
2. 讓小孩擁有部分的決定權。
3. 環境布置得很吸引人。
4. 減少比較。
5. 多讚美，多肯定。
6. 同理並切入小孩心裡的感受。

以覺察轉動情緒

即使懂了以上的道理，也不見得能對學習產生效益，因為人最難的就是調整情緒。學習成效不好的原因推展到源頭，其實是「情緒」。

心靈長期挫敗、受傷，覺得自己的成績不可能變好，這個固著的想法才是成績不好的源頭，所以要先處理的是情緒。以下提供幾個實際的做法。

◆寫出或說出對弱科的討厭情緒

這個做法好像中醫的「放血」治療，把心中的毒放出來。如果沒有走過這段情緒，直接要去認真讀書，對成績不好的小孩來說是很難的。

◆學習與「討厭」共處三分鐘

把討厭讀書的情緒物化成一個東西，也許是一個布偶、一幅畫或是一張椅子，接著，直接感受心中這些討厭的情緒，學習與它在一起，面對它、承認它、看清它。

這樣做個三分鐘，與討厭的情緒一起呼吸。

◆每天讀書前，先覺察三分鐘

請孩子覺察完再去讀書，如果仍沒有意願，再做個三分鐘。

或者與孩子個別面談，請他說出對學科的情緒，不要直接逼他讀書。這樣做雖然看似沒有效率，但是就長遠來說，可以幫助小孩正視自己的感受，重新找回自己努力的動機。

◆覺察三祕訣，有助考高分

1. 在考試前，提早五分鐘回到座位上靜坐，觀察自己的呼吸，試著把呼吸拉長，觀察胸口或腹部起伏的感受。

2. 考試時，注意紙筆摩擦的感受，單純地去感受。跳過難題，先寫容易的題目。

3. 寫完考卷後，閉上眼睛一分鐘，拉長呼吸覺察它，然後再檢查自己所寫下的答案。

實務上有很多經驗顯示，孩子的考試成績常受到情緒影響，尤其是數理科，往往在考卷發回後才懊惱不已。這三個步驟的覺察練習，就是要協助孩子平心靜氣，發揮最好的實力。

◆把學習的動機和熱情找回來

學業成績要好，讓孩子惡補不如教他們讀書方法，而教讀書方法，不如先療癒課業創傷，成功的關鍵便是「把心轉動」。

透過談話，可以讓孩子的感受被同理、情緒可宣洩，做好初步的學業療癒。接著進一步，要能教學生如何用覺察轉動自己的情緒，把學習的動機和熱情找回來，這才是最上位的心法。

二、引發內省的品格力

沒有壞學生，只有沒被同理的學生，
接納了真惡，才不會培養偽善。
沒有壞小孩，只有忘了覺察的小孩，
所有的對與錯都能在當下被選擇。
調情緒是品格基本功，
能平靜喜悅就會有品，
當我們不斷教育小孩要有好品格時，
別忘了我們本來就是好人。

能平靜喜悅，就能當好人

在教「善」之前，先教「真」

我的品格教育和一般的方式不一樣，甚至可說是大翻轉。

一般的品格教育要學生學會正面的行為；覺察卻要他們先看清自己的負面行為，也就是在教「善」之前，我先教「真」。

一般的品格教育很重視善惡對立；覺察會告訴你凡事發生都有它的意義，都可以學習。

一般的品格教育很容易就定罪人；覺察包容犯錯、拔除罪惡標籤，讓人瞭解犯錯的主因是當下沒有覺察，要更深化自己的覺知力。覺察更要大家知道其實沒有壞人，做壞事是因為忘了發現自己原本是好人。

傳統的品德教育我們都很熟悉：列德目、舉善行、賞善罰惡、恫嚇、製造罪惡感等。但是，覺察的品格教育是更寬容、深沉、全面且持久的。教孩子「面對黑暗」、「誘惑前的覺察」和「找到平凡的喜悅」，或許更能深耕德性，讓品德教育更成功。

我相信，能讓自己平靜和喜悅的人就是好人。

我們要做好人，不是做完人。

面對黑暗：虧心事大告解

有一次我發給學生一張紙，要他們寫下自己曾經犯下的重大錯誤，也就是「虧心事大告解」，要學生學會面對自己的黑暗面，看他們有沒有這個勇氣。

◆勇敢面對自己的黑暗面

我說：「請你們寫下一些藏在心中不為人知的過錯，不用擔心！」

「不會交到訓導處？」有人問。

「老師人格保證。」

「要寫名字嗎？」學生問。

「如果沒有犯過什麼大錯誤，寫上名字交回就好；如果更有勇氣，就在寫完過錯之後，再寫上你的名字，老師保證絕對不會讓第二個人知道你寫的東西。老師保證會把它放在我的口袋裡收好，而且不會處罰，但是會期望你不要再犯。」

說到不會公布、不會處罰又不必寫名字，好多人露出笑容，也有人在苦思，有人在發呆，有人邊寫邊笑。

「老師，真的什麼都可以寫嗎？」瞳瞳問。

「真的！」

「不會讓別人知道？」呆娘問。

「老師會把它放在口袋裡，有誰敢來拿？」

◆把壓抑的情緒「寫」出來

過了一會兒就有人交了，可能是沒有虧心事要告解吧；後來一個接一個交回來了，有人摺了好幾摺，有人要放在最下面不讓人看到，有人則仍在埋頭苦寫。

我看他們洋洋灑灑的一大篇，寫完一篇後又交一篇，心中竊想：原來做了那麼多的虧心事。

「老師，寫出來覺得好舒服，這些事在心中藏了好久！」一個女生笑嘻嘻地跟我說，這就是發洩壓抑情緒的方式。

我問大家：「各位同學，你覺得寫完後，心情很舒服的請舉手。」舉起手的還真不少。

好多孩子交過來時，一再要我保證不會給別人看，我拍拍胸脯保證，他們才敢交給我。也有人等大家都交完了，才偷偷私下交給我，還一直重複說一定要保密。

後來我打開來看——天哪，真的是無法無天！這些惡行要是都被發現，那訓導處真的要比照便利超商不打烊了。比較常見的行為是上課偷看書、偷畫畫、偷玩媽媽的手機、偷錢、作弊、偷改分數、說謊、爬牆、賭錢、聽耳機、罵老師、有邪惡的想法……

統計結果，總計有十六位生命勇士敢具名寫自己犯過的錯誤，剛好超過全班人數的一半。

◆學習獨處時的自律

如果沒有這個活動，我們仍然只看到學生在大人面前很乖的假象。這些校規不允許的錯誤行為，讓我不禁反省：「去惡揚善」的品格教育到底能造成多少改變？品格教育難道只教人前的行為？那人後的黑暗角落，我們有沒有教？愈強調要做好人，那做不到好人的行為時，孩子是不是就像這樣偷偷為惡，不讓大人知道，然後被稱讚「好乖」？

獨處時的自律與情緒平衡，或許才是我們更要加強的部分吧！這可不是「去惡揚善」的品德教育教得來的，而是要有深層的心靈淨化能力，才能夠昇華與超越。所以，心靈覺察教育才是品德教育的根本，因為能調御心的人，才能調御行為。

讓孩子學會快樂、平靜的能力

有一次，帶學生聽一場反毒宣導的演講。「監獄裡的人有七成是毒犯，回籠的機會是八成，勒戒的社會成本是每年五十一億，足以讓全國的小朋友免費吃營養午餐！……」台上的教官滔滔不絕地講述著這些可怕的事實，苦口婆心地要讓孩子們明白毒品的可怕，預防他們接觸毒品。然而，對於吸毒人口有增無減的情況，我想主管當局也一籌莫展吧！讓學生知道了一些反毒知識，不一定能杜絕他們以後的吸毒行為。

人為什麼要去吸食毒品？可能因為人生太苦了吧！相信毒品一定有它獨特的魅力，提供了孤獨者某些撫慰，帶給吸食者無可取代的快感。吸毒者用毒品來忘記痛苦，這是人的本能，然而，如此一來卻逃避了真正的痛苦，也造成了身心受重創。

「吸毒的情況常發生在學業成績低落、人際關係不好、家庭沒有關懷的孩子身上，還有多話、躁動、沮喪、好辯的特質。」教官這一席話，讓我們當老師的有深度的反思。

每一班都有這種特質的孩子，這樣的學生沒有減少，吸毒的人口當然有增無減。吸毒是有原因的，他們想要平衡某種匱乏感，只是方法用錯了。

所以，讓孩子學會快樂、平靜的能力是多麼重要！畢竟我們無法選擇家庭，也不容易改變個性，但是如果學會了讓自己平靜快樂的方法，再加上對毒品常識的瞭解，才能擁有免除毒品誘惑的能力。

將心比心，如果社會、家庭給吸毒者的是痛苦，為了求生存，他們當然會想辦法找樂子。而我們只注意他們有沒有做壞事、吸毒，並沒有教他們心靈安頓的能力或是給他們幸福，如此一來，吸毒問題當然不會減少。

基於這個理念，我的教育活動常常加強孩子們的心靈自主能力，讓他們學習給自己快樂與平靜。

誘惑前的覺察：延遲享樂體驗

有一天，班上的凌茉生日，家長帶了零食和飲料請同學們吃，我靈機一動，決定來一個「延遲享樂」的體驗活動。

這也是我覺察教育的特色——應機而教，有不少活動是隨著當下的因緣臨時起意的，並非全都是刻意營造。

◆先等三分鐘，再享用

我先請大家拆開零食包裝，打開飲料瓶蓋，然後問他們：「我知道你們一定很想吃這些零食，但是，今天我們要做一個實驗。」

「又是覺察對不對？」瞳瞳不耐煩地回應。

「是的！請你覺察自己想要吃美食的情緒，等三分鐘之後再吃。」

有些同學表情不太高興，有人一直玩飲料瓶，還有人對著零食包裝口做「人工呼吸」，露出一副渴望的神情，有人則很淡定地看著美食。看到這些反應，我覺得很有趣。

「有時候，我們會面對一些很有誘惑的東西，很想得到它們，但是事後又覺得後悔，所以老師帶你們回到當下，去感受一下自己面對誘惑時的衝動，是不是可以透過老師教的覺察平復一些。當然，等一下你們還是可以吃的。」（覺察指導語：「全班都零分之覺察練習——覺察對人事物的迷戀」可上網搜尋到，參見第二六〇頁。）

◆沒有吃也沒關係

時間到了，我請大家開始吃零食，並詢問他們的心得。

「美食在我面前，我可以忍住，因為又不是永遠吃不到。」傑斯說。

我說：「用忍的已經很不錯了，但是如果懂得用觀察的，就會自然忍住了，你可以下次再試試。」

安妮：「平常我不會忍那麼久，但是這次我有覺察，所以不急著喝下去。」

溫蒂：「我發現我吃得比以前慢。」

小明：「我一開始比較想吃，但是後來覺得沒有吃也沒關係，之後老師教我們慢慢來，我竟然吃得很慢，這真厲害。」

阿嬤：「覺察後，再美味的食物都顯得有點普通了。」

我說：「是啊！你可以發現經過覺察之後，美食變得比較平常了。其實很多食物添加了很多的調味料，讓我們的味蕾不斷被刺激，所以就會愈吃愈多，體重的數字當然也愈來愈多。」

提到和體重有關係的主題，有人開始感興趣了。

小胖女：「雖然味道沒有改變，但是讓我吃得比較少，可以控制想吃美食的欲望。」

中胖女：「我終於知道為什麼有人會變得這麼肥，因為每次只要看到美食，就會猛吃個不停。」

身材標準的小丁也有話說：「今天的練習我覺得非常好，有時女生就是因為太受食物的誘惑，而把食物快速吃完，讓自己的脂肪愈來愈多，愈來愈胖，覺察真的有用。」

一段延遲享樂體驗的覺察活動，卻得到了減重的心得，這是意外的收穫。

找到平凡的喜悅：覺察是犯錯的煞車

其實要克制心中的欲望，不需要強壓，我們內在就有一股平靜的力量，就像我們晨起時那股定靜舒坦的感覺。

然而，在面對誘惑時，心情是很亢奮的，這時，覺察的力量就可以讓我們由興奮的頻道，調到比較平靜的頻道。只要輕輕地觀察自己當下的情緒，就會得到一股安適感，可能會因為這種覺察的轉換力，讓我們避免犯下大錯。

覺察像是犯錯的煞車或是轉盤，讓我們可以不錯下去。

◆發現內心本有的快樂

在衝動時的轉換能力僅能救急，治標不治本。若能從內在發現本有的一種快樂，那才是恆久的，一旦找到了這種本有的自悅能力，那麼人生不僅不會犯大錯，而且常常能自得其樂，不必靠外在供給快樂。

有品格的行為就不能有一點樂趣嗎？我想是可以的。道德一定和人性背道而馳嗎？也不全然是這樣。如果我們找到了一種覺察當下的力量，就可以調和這種衝突。沒道德的行為固然很可惡，但是壓抑的道德行為也會讓人痛苦，然而，如果道德來自於內在的本有光明，不只是從外強制教化的規準法條，那麼人人都會自動去接納道德的事。

當然，在到達這個境界之前，有些違反自己本意的規範還是得遵守。

◆擁有心靈的自主權

在別人面前時不做壞事不難，在一人獨處時不做壞事才難。大部分的人犯錯之後都會後悔，其實不是不知道那件事不能做，而是當時無法控制。

我們要正視人類不容易駕馭情緒和不夠完美的天性，當被外境綁住時，我們的心就不夠安定，而「覺察當下」的ＰＱ教育與「心靈自主權」，就是讓自己有平靜的能力，從自己的本心下手來增養美德，而非只從外表規範行為，或用獎勵善行來增進品德。

所謂善惡一念間，一旦學會了掌握情緒的「覺察能力」，消極的可以避免犯錯，積極的更可以樂在生活。

你可以選擇正確的行為

考試症候群

做老師的有時要當神探，有時也要當神父。「神探」的工作是要發現學生做錯了什麼事，「神父」則是要給予開導並原諒，發現學生錯誤的同時，也是很好的品德教育時機。

考不好比較嚴重？還是說謊比較嚴重？

帶班的過程中，每次在考試前後都會遇到這些問題，例如：考卷不敢給家長簽名；考卷明明寫錯，又偷改成正確的答案，跟老師要分數；還有人乾脆在考試時當長頸鹿，希望多看一分是一分……

這些問題大部分都和成績有關，我們姑且稱為「考試症候群」。

考卷簽名事件

某次月考，有一位同學因為考得太差了，不敢給家長簽名，於是騙媽媽考卷還沒發，第二天當然交不出簽名的考卷。

我問他為什麼沒有交，他說忘了帶，於是我又寫聯絡簿通知家長，奇怪的是，家長也沒有回覆。過了兩天，我接到家長來電詢問：「老師您好，我想知道小孩的國語和數學考幾分？」我把分數如實地告訴了她，並且問：「我有請他帶考卷回去請你簽名，但是沒簽名，後來我也寫聯絡簿了，請問媽媽有沒有看到呢？」

媽媽的回答是：「孩子說考卷還沒發，聯絡簿不見了。」

才沒兩三下，這個拙劣的謊言就被揭穿了。就我的觀察，其實他是很聰明的學生，讀書卻常常不夠專心，所以智商並沒有反映在成績上，而媽媽的「愛之深、責之切」，難免讓孩子壓力更大。

◆找出孩子成績不好的原因

每一個家庭都有其獨特的文化，未必是老師可以干涉的，不過，我也試著和家長溝通。

「媽媽，我覺得他不敢把考卷給你看，也許是因為他害怕面對那麼大的壓力，所以說了謊。我們都知道說謊是不對的，但是可不可以不要給他這麼高的期望值，或是找一找他成績不好的原因，這樣他才可能改進問題。」

「老師，不是我要給他壓力，是他根本就不認真，每天叫他讀書，他都說好好好，考出來就是這種成績，這樣怎麼會有競爭力？」媽媽回應。

我想了想，繼續說：「媽媽，小孩成績不好的原因很多，第一個是『能不能』，可能是生理上的問題。第二個是『會不會』，問題可能出在讀書方法。第三個是『想不想』，也就是他的讀書動機夠不夠。有時候，孩子可能因為我們的想法，而增加或改變讀書動機，要不要試著少拿他和兄弟姊妹比較，並多給他一點鼓勵，激發士氣，讓他自己想讀書，而不是我們一直逼著他，好嗎？」

然而，媽媽似乎仍然無法接受小孩考這種成績，畢竟競爭力最實際也最重要，她要的是好的結果，也希望孩子有主動學習的精神。

其實我們的想法是一樣的，只是所用的方法不同。雖然我暫時無法影響媽媽的想法，不過，人不轉我轉，我可以先教教孩子如何轉。

◆和自己的恐懼做朋友

趁著空檔，我把那孩子叫來教職員休息室。被識破謊言的他看起來非常忐忑，大概是擔心會再次被責罰吧。

我對他說：「考不好得面對父母的責罰，對你似乎是很大的壓力，不過，這也是面對困境的考驗。其實你知道爸爸媽媽不會打你，最壞的結果不過就是被罵，然而，真正讓你害怕的不是罵的本身，而是你對罵的看法。試著不要把『被罵』當作是一件很恐怖的事，去感受你的恐懼，就更能突破它。」

他聽完了，仍舊沉默不語，顯然並未釋懷，於是我要他回想覺察的方法：

先慢慢地坐下來，把腰挺直，想像脊椎呈一直線，收下巴，把眼睛閉起來，或打開一點點，和此時此刻的自己在一起，回到自己的身體裡，好好觀察自己現在怎麼了，感受一下此刻的心情，有沒有一點恐懼？如果有，沒關係，允許自己可以恐懼，接納自己的恐懼，不抗拒自己的恐懼，觀察自己的恐懼，和自己的恐懼做朋友。

恐懼是一種緊繃的狀態，觀察自己的緊繃，看到它，看著它！不要批評，也不要認同，就只是看著它，一直看著它，讓緊繃自由地呈現。

不要試圖把緊繃消除，如果緊繃感要一直留著，那麼不要趕它走；如果它要走，也不要留它，讓緊繃感自由地來，自由地留，自由地走，就這樣一直陪著它、看著它，慢慢輕鬆地看著它，慢慢輕鬆地看著它，持續這樣觀察下去。用這種清醒平靜的心情面對你的苛責，覺察當下的情緒。

（覺察指導語：「全班都零分之覺察練習——覺察恐懼」可上網搜尋到，參見第二六一頁。）

透過覺察，教孩子與自己內心的各種紛雜情緒共容、共處。

◆給自己時間適應困境

當孩子們遇到焦慮和恐懼時，我總希望他們能在當下冷靜一下，應用這一套覺察方法，給自己時間適應困境。

一開始，他們也許無法完全靜下來，但只要常常提醒，並在課間留一些時間練習，他們似乎也慢慢可以從這樣的練習中，找到平靜自我的方式。

練習覺察後的他，表情顯得平靜多了，也承諾我不會再有下次，簽名事件算是告一段落了。後來我也發現，他的成績慢慢有了進步，最重要的是可以看到他愈來愈懂得掌握自己。也許我無法改變他與爸媽的親子相處模式，但是，至少他給了自己一個轉化的機會。

考卷改答案事件

另一次月考後，面對考不好這件事，有個孩子採取了另一種應對方式。

媽媽的要求是每科都要九十分以上，但她總是考八十幾分，而當考卷發下來，在同學歡呼慶祝時，她只能在一旁沉默，因為這一次，她又考了八十幾分。

過了一會兒，她跑來告訴我：

「老師，這題我有寫對，你把我改錯了！」

老師並不是永遠都不會犯錯，所以我通常會自我檢討，但是仔細看了一下，我發現真相似乎不是她說的那樣，我並沒有改錯。

看了一下考卷上的成績，我更篤定了，因為加上這一題的分數，就變成了九十幾分。

「老師剛剛改的時候，你並不是寫這個答案，所以我才把它圈起來。你原本的答案不是這個。」我說。

◆謊言背後的淚水

她辯稱：「是啦！我原本就寫這個答案。」

「我記得不是哦！而且你看，這裡有被擦掉的痕跡。」我指著被塗改的地方說。

這時，她有些詞窮，不知如何是好，於是我直接問：「為什麼要做這種事？」

「因為我考不到九十分就會被打！而且我考不好，會對不起媽媽。」孩子沉默了一下，眼淚開始一滴一滴地流下來。

我雖然不忍心，但是必須先讓她明白事實。「媽媽對你的要求，我無法改變。不過，老師在考前一直強調要多靜心覺察，仔細檢查，不要粗心犯錯，還帶你們做考前的靜心練習。這幾題都是你會的，卻不小心錯了，然後事後又繼續掩飾自己的錯誤，想要來爭取你不該得的分數，這樣是一錯再錯，你知道嗎？」

◆媽媽的要求

我對這孩子的媽媽有點印象，她很重視女兒的成績，也希望小孩表現更好，她會在老師面前誇獎女兒的優點，親子之間的關係也很融洽，甚至在開班親會時，對老師也很支持。她還說，女兒在家裡都會告訴她在學校很多好玩和開心的事。

不過相對地，她對於小孩的期許也比較高，比如，要求每次考試都得九十分以上。

「老師，我知道我錯了！求求你不要告訴我媽媽好不好？我媽媽一定會很傷心。」

眼前這孩子淚流不止地拜託我，念在她是初犯，我決定先不和家長說。

◆從過程著手

可是，後來我發現我錯了，因為同樣的事件也發生在科任老師的考試。

原本以為這孩子已經記取教訓，沒想到又再犯，於是我只好通知家長，讓孩子和家長都能正視這個問題。

與孩子關係一直不錯的媽媽，知道這件事後很震驚，瞭解情況後，還為孩子的錯向我道歉。

我感受得到媽媽的憂心，安慰她說：

「其實每個小孩都有犯錯的權利。沒有人是完美的，我們就把這次經驗當作是一個深刻的人生教材，只要好好地面對錯誤並改進，任何犯錯都是一次學習和成長。媽媽，我在想，除了在意孩子的成績之外，是不是也多留意她學習的過程，因為過程正確，結果自然就會很好。比如上課認真聽講，回家複習功課，考前靜心覺察，每個過程都沒問題的話，其實也會相對地反映在成績上。如果媽媽在過程中發現一些問題，我也會盡可能地提供個別協助。」

經過這次溝通，後來媽媽打電話告訴我，她已經和小孩把事情說開了，母女兩人深談之後，抱著哭成了一團，孩子不再糾結於在媽媽面前呈現完美小孩的形象，瞭解了媽媽對她的愛，媽媽也答應了，今後將會陪伴孩子一起努力。

向孩子道歉的老師

江南七俠？還是江南七怪？

「張老師，你們班的幾位學生中午送便當時在逛校園。」

「主任，對不起。」

「張老師，監視器發現你們班的小朋友爬牆進來校園。」

「主任，對不起，我會訓誡他們。」

「張老師，你們班有幾個小朋友拿著棍子亂揮，我怕危險就先沒收，交給訓導處了。」

「謝謝您，我會告訴他們不能再犯了！」

「張老師，你們班的同學拿著樂樂棒亂揮，差一點打到我，被我沒收了。」

「很抱歉，我會禁止他們再這樣做。」

「張老師，我是音樂老師，你們班的二、五、十、十三、十四號上課時一直吵，講都講不聽。」

「老師，不好意思，不好意思。」

「老師！這是你們班路隊秩序不好的紅單。」已經收到五、六張了，我昨天才講過他們的。

「你怎麼可以從上面丟香蕉皮下來！你們老師沒有教你嗎？」在一旁親眼目睹這一幕，我覺得無地自容，這種基本的事我怎麼會沒教呢？拜託，就不聽啊！怎麼辦？

班上有所謂「江南七俠」，他們更自稱是「江南七怪」，上課不認真、作業隨便寫、走路愛講話、做錯不認錯，還常常讓我這個導師被學校行政人員「指教」，最重要的是屢勸不聽。遇到這種學生，到底該怎麼辦？

破口大罵能終止犯錯嗎？

某天，生教組長來班上找我。

「張老師，你們班的小朋友下午在地下室踢足球，很危險！」

「真是對不起，我會特別訓誡他們。」

我把幾個孩子召來「曉以大義」一番。結果沒隔幾天，生教組長傳來了同樣的消息。

「張老師，你們班的小朋友下午還是在地下室踢足球。」

我火大起來，把幾個孩子罵了一頓，他們似乎被罵醒了，沒有再去玩。

沒想到幾天後，一個會讓人火山爆發的事件發生了！生教組長第三次很沉重地告訴我：「張老師，你們班的學生在地下室踢球，把日光燈打破了！」

真的要讓人氣炸了！

我先深吸一口氣，感受一下自己的憤怒，然後非常鄭重地向生教組長道歉。

我再也無法忍受這一群頑劣的學生，除了對他們破口大罵之外，還訂下他們永遠不得到地下室玩的規定，更非常難得地寫聯絡簿告知家長，平常我幾乎是不寫的。

順著孩子的本性而「動」

然而，寫了聯絡簿之後，我開始省思：這樣孩子們就會停止犯其他錯嗎？

另一個思考是：我真的帶出了一個「問題班級」嗎？

我是個一年一聘的代理教師，其實沒有讓學生犯校規的空間，否則恐怕會使我因班級經營太差的原因而不獲續聘。我到底是不是太放縱學生了，就像有幾位同學說的，我管得太鬆了？

可是，進一步地靜心省思一下，我認為學校不是軍隊或工廠，不應用過度控制的方法管教。有些班級的秩序很好，但私下瞭解後卻發現，那是用罰寫、恐嚇、不准下課、寫聯絡簿通知家長，加扣分換來的。

我始終認為「動」是學生的本性，我們要適當引導這個動能，不是強給學生吃「鎮定劑」，所以我帶的班級一直都比較有活力，優點是他們善於發言，上課有反應，缺點則是常常犯規，所以我才用覺察靜心的方法，來讓他們自動安靜。

然而，不是每一個孩子都能接受這種「無聊」的方法，所以我也運用許多有趣的方法來教，以「不勉強孩子變完美」的方法來執行，我的學生會這樣表現，我覺得是正常的。

或許有些人會感到不解：孩子不是有學覺察嗎？為什麼秩序那麼差？

但是我必須說，正因為學了覺察，所以小孩會比較像小孩，而不是只符合大人要的樣子。

因此，幾經掙扎，我仍然堅持自己的教育理念，就算不續聘也得做下去，這是對於教育理想的堅持。

只是頑皮，不是壞

後來有一次，我約了江南七俠談心，一開口先向他們道歉。

「人都有情緒，當老師一再提醒你們，你們卻不斷犯錯，我也會生氣，老師不是聖人。但是如果講話有傷害到你們，老師要向你們道歉！」

七俠不好意思地回應：「老師，沒有啦！」

「你們只是頑皮，不是壞。你們犯的這些錯，老師基本上是會原諒你們的。」

我給予他們肯定，並且誠實說出心裡的想法。

「本來老師認為，如果下一次考不上代課，一定和你們有關，因為主任和組長他們告我的狀太多了。但是後來經過覺察，我發現自己好像錯了，因為你們也是真實在做自己。如果老師會離開，是由於堅持自己的教育理念，跟你們無關，因為不管我帶哪一個班應該都會這樣。」

七俠聽了，變得有些沉靜。

「老師不喜歡用高壓的方法。像肯恩，你四年級時不是常常被罰寫嗎？這兩年來，老師何時因為你犯錯而叫你罰寫？」我問肯恩。

「沒有。」肯恩說。

「杰在聯絡簿裡也寫了對老師管教的想法，記得你寫：『一到六年級，張世傑老師對我最好』，那是因為老師關心你這個人勝於關心你的作業。」

我繼續給七俠鼓勵。

「你們的活動力超過其他同學，像花式籃球、扯鈴，你們都好厲害，這一次我們班的街頭藝人活動，你們就出了很多力。另外像是大隊接力、角力、樂樂棒比賽，你們都是主將，所以老師是看整體的。」

我邊講，他們也邊聊天或扭來扭去，果然很「七俠」。

「老師可以接納你們，但是其他老師就不一定了，他們可能會認為你們是壞學生，那你們用什麼方法證明自己不是壞學生，只是比較有活力？」

「罵回去啊！」孩子直覺回應。

「你罵回去，正好證明對方講得對。老師認為你們很有動能，不如把這個動能作為服務班上和學校的動力，比如做資源回收，你們之前做得很好。」

「對啊！現在還可以做嗎？」孩子們感興趣了。

「可以啊！還有，快畢業了，我從衛生股長那裡聽說校園有一些死角，沒有人敢去掃，你們敢嗎？」激將法有時滿管用的。

「當然敢啊！」

「老師稱之為『清潔特工隊』，讓別人知道你們不是只會闖禍，還會服務別人。不過老師沒有任何獎勵，一切都要自願哦！」

「好啊！」

七俠果然很爽快地答應了，這就是他們的熱情。

看見孩子的亮點

其實有些小孩是因為沒有得到足夠的愛，才會有一些不好的行為，但是他們有很多優點，只要讓他們適當地發揮，將能看到他們的亮點。

很吵的杰可以帶動氣氛，也是全班唯一可以把加油喇叭吹出聲音的人。

威爾雖然有一點皮，但是做事認真，主動為班上運送了兩年廚餘。

音速雖然脾氣差了點，但是耍寶第一，常把全班逗笑，而且跑步和球類運動超強。

雷克斯雖然做功課很馬虎，但是角力和球類比賽總為班上立下大功。

肯恩雖然愛講話，但是在所有水上、陸上比賽中，都是班上的主將。

楚門雖然很容易跟人家翻臉，卻是數學一哥，又會教同學功課，服務精神佳，還當過模範生。

約翰雖然上課不認真，但是角力超強、背書厲害。

別人眼中的這些頑劣孩子們，其實個個身懷絕技，不同凡響。

每一個人都需要被愛

畢業前的某天放學後，我把七俠全部留下，他們臉色很難看，可能以為自己又闖禍，老師又要罵人了。

我對他們說：「老師常常罵你們，所以你們可能覺得老師很討厭你們。在畢業前，老師想帶你們出去玩一次。這不是因為我贊同你們的犯錯行為，而是要讓你們知道，老師愛你們。」

「真的嗎？」他們尖叫。

「小聲一點，因為怕其他同學知道，所以才留你們下來。你們討論看看去哪裡玩？」

經過一番熱烈的討論，七俠決定去圓山保齡球館，當天，大家玩得很盡興。畢業前一天，我送七俠每人一份特別的禮物，那是由他們自己選的。收到禮物時，他們喜出望外，非常驚訝老師如此慷慨，真的送了禮物。

這就是我給七俠的教育，他們都是真性情的孩子，可能行為常失控，但是換個角度來看，至少他們沒有壓抑自己去討好老師，喜歡就喜歡，討厭就討厭，他們勇敢做自己。

我相信有些常犯錯的孩子，是源自於對愛的匱乏，我們大人不能被他們犯錯的行為誤導而以牙還牙。這是我從自我覺察中所體會到的「愛」。

也許不是每一個人都需要學會覺察，但是每一個人都需要被愛。

真惡比偽善好教

多一些同理包容，教育才會圓滿

有一個笑話是這樣的，被抓進集中營關了三年的小麥終於寫信回家了，信中寫著——

親愛的爸媽，您們好：

好久不見，自從我進了集中營後，營裡的長官都對我很好，除了正常的三餐之外，還有宵夜，長官還會與我們談天，有時還會開舞會，住得也很好，和同伴之間的相處很融洽，工作很愉快，請勿掛念。

祝一切平安

兒小麥敬上

（附註：大衛因為寫家書抱怨太多，今天早上已經被槍決了。）

我們到底要聽好話？還是要先聽真話？這是品格教育的上游問題。表面上很有禮貌、很認真、很有秩序，就是好的嗎？不管是不是陽奉陰違，也不管是不是被逼著做的？

事實上，表面上很有禮貌、聽話又不罵髒話的小孩，不見得是好小孩，他可能只是懼怕權威，不敢說真話，甚至壓抑自己的情緒。相反地，常頂撞的孩子也不見得是壞小孩，他可能當你是好朋友，所以講真話時心中沒有壓抑，心理很健康。

所有「嚴格」要求品格的老師和家長，可能正大量製造著沒品的說謊小孩或作弊小孩。品格教育也要兼顧人性，多一些同理包容才會圓滿，還要記得人的不完美，包括父母和師長本身。

傳統的品格教育並不圓滿

我們傳統的這一套品格教育，有沒有值得省思的地方？

首先，我們來看一些數據。

致力於品格教育的千代文教基金會，在二〇〇六年做了問卷調查，調查結果顯示，百分之七十二的受訪者認為台灣人現今品格遠不如六年前，向下沉淪超過七成的項目分別是誠信、仁慈、廉潔、羞恥心及守法。

二〇〇八年，《親子天下》針對四千八百名家有四到十五歲小孩的家長進行「選校大調查」，結果發現，最重視的前三名項目分別是：「學校對品格教育的重視程度」、「交通及接送便利性」、「環境與設備」，而「學校升學率或學生學力表現」已排至第六。

更令人驚訝的是，二〇一五年的《今周刊》報導，有三分之一的國、高中生已沾過毒品，許多青年學子身陷其中不可自拔。

此外，警政署所統計的刑案犯罪人口率，二〇〇七到二〇一四年的每十萬人犯罪率，仍然維持在一千一百人上下。

從這些數據可以得知，我們的品格教育不僅沒有成功，而且是日益敗壞。我們的品格教育，到底錯在哪裡？

我們從小接受的品格教育，大都來自傳統的仁義禮智信、三綱五常、四維八德的中心德目，然後樹立楷模讓大家效法，再用賞善罰惡來進行，後來也加入了西方道德發展理論，作為價值澄清的道德教學。但是我們必須想想，這些方法如果能有效治本，為什麼調查和統計數據如此驚人，學生的品格水準一直下降？

一定是我們忽略了什麼重點，才會使得品格教育每況愈下。

檢視一下傳統品格教育的內容，可以發現有些觀點是不圓滿的。

◆ 道德標準是古今變動的

像「二十四孝」裡的臥冰求鯉、恣蚊飽血、打虎救父、聞雷泣墓、賣身葬父、埋兒奉母，以現在來說早已觸犯兒少法、人口販賣等法令，同時這麼做也是不愛惜身體。

◆道德觀念因文化而不同

印度教可以吃豬肉，但因為敬牛為神聖的動物而不吃牛肉；穆斯林則是吃牛肉不吃豬肉，因為視豬肉為不潔。到底哪一個才是對的？

印度教實行一夫一妻制，伊斯蘭教則是允許一夫多妻，基督教實行一夫一妻制，雲南藏族還有一妻多夫制……請問誰才是對的？目前全球有二十三個國家或地區設有同性婚姻制度，請問同性結婚對還是錯？

除了觸法的犯罪行為外，其實很多事都是各執一詞。許多事情經過人為的道德規範後，就開始分歧，不管國家、制度、主義或宗教，彼此都堅持自己才是對的，別人是錯的，因而造成了對立衝突，這時，自認為的道德成了另一種暴力的來源。

◆道德規範成了脫罪工具

有時，也因為大家都認同某一種道德規範，這個規範便成了讓人自圓其說的脫罪工具。

就像一個笑話，有位牧師說絕對不可以喝酒，因為酒是人類的敵人，但是他自己卻常喝得爛醉如泥，於是有人問他：「牧師，你不是說酒是人類的敵人，為什麼你還常常喝酒？」牧師說：「但是，上帝也說要愛我們的敵人。」

最高的道德是「愛」

真正的道德不是人為的思想或解讀，而是來自宇宙的第一手真理，那是包容、接納和愛。就像太極圖一樣，如果白色代表正面優點，黑色代表負面缺點，那麼，兩者互相擁抱才會形成一個圓，讓我們很省力地轉動。

所以，最高的道德是「愛」，一切的安排都有其意義，一切的痛苦都是讓我們成長。內在沒有不能包容的缺點、妄念、情緒，外在沒有不能包容的壞人，一切都是心的投射，這種愛才是真道德。任何的最高道德都絕對不會否定或捨棄一個人，就像宇宙和大自然容許這世上一切好和不好的人、事、物存在，沒有批評，只有包容，這才是最高尚的大愛教育。

◆自然道德使人回歸本性

比起人為化的道德，看似不會說話的大自然，其實蘊藏著真的道德，比如：「物極必反」、「禍福相依」、「沒有不該發生的事」、「做好人，不用做完人」、「天地與我同生，萬物與我合一」、「快樂在身邊，只是你沒發現」、「在變動中體會那不變的本體」、「當下就是一切」、「黑夜再長，也不能阻擋黎明的到來」……這些道理來自於內觀體會和大自然的領悟，這些才是放諸四海皆準的真道德。

沒有人的行為是完美的，每一個人都會犯錯，失敗和錯誤是人生的一部分，是讓我們回歸本性的過程。過度追求完美的外相，只會增加心理壓力：強迫症患者是不容許自己犯錯，於是過度檢查、洗手；憂鬱症患者常常不敢表現內心真正的想法，又不容許自己有負面情緒；思覺失調症患者是因為不願接納現實，而產生幻想和內在的對話。幾乎所有的心理疾病，都來自於「不容許」情緒的發生。

◆每個人都有光明的本質

這種「不容許」正是傳統品格教育的主軸，例如：去「惡」從善，改「邪」歸正，習慣二分法地把人神聖化或妖魔化……

其實，每一個人都有光明的本質，都是在人間學習的靈魂，我們實在不應任意貼別人標籤，而應該以愛包容缺陷、失敗和錯誤，讓世間多一些發自感動的省思，正如正念覺察大師卡巴金博士所說：「以一種不加評判的態度，刻意地留心覺察當下此刻。」

時時刻刻，以無所求的態度，保持耐心與不評價，並帶著初學者的心，用新鮮的感覺看待事物。

建立好品格的實踐總整理

品格教育新理念：覺察當下

帶著覺察當下的心，才有可能讓品格教育慢慢導正。或許這不會像傳統的教法那麼立即見效（但也很快失效），它會慢工出細活，從本質中慢慢讓人回歸單純與善良。

在此提出幾項覺察的品格教育理念：

- 調理情緒是品德基本功，能平靜喜悅就有品。
- 沒有人是完美的，犯錯能醒覺就值得肯定。
- 先接納「真惡」，才不會有「偽善」。
- 好中藏壞，壞中藏好，不能絕對二分。
- 行為可能是壞的，但本心永遠是好的。
- 我們會做錯事，但不必有罪惡感，學習改正就好。

- 這世上沒有罪人，但是有太多沒有覺察的人。
- 產生罪惡感後，傷害自己也不道德。
- 自然道德比人為道德更根本。
- 從錯誤中學習比指責定罪更重要。
- 沒有壞學生，只有不被關愛及一念不察的學生。
- 不正常也是一種正常，沒有不能原諒的人。
- 能不壓抑、不放逸情緒，讓心平衡才有真道德。

回歸平常心

「覺察當下」能讓我們看到當下的自己，因而能更往內在的光明本性連結，所有善行、惡行都來自於對當下心的觀照，所有的對與錯都能在當下被選擇。因此，覺察可以幫助我們：

- 把不敢面對錯誤的心變為平常心，所以變得誠實。
- 把原本貪婪的心調到平常心，於是廉潔守分。
- 把恐懼心變成平常心，所以變得勇敢。
- 把生氣的情緒變成平常心，所以能尊重孝順。
- 把放棄的心調到平常心，所以變成勤奮有恆。
- 把低落的情緒調回平常心，所以學會了樂觀。

我們的品格教育要重新省思，就從少評價的覺察當下開始，用包容的愛和智慧，重新珍視每一個人的內在光明本性，讓人能回歸到自己，找回良知。沒有人是完美的，一個常常能平靜、喜悅的小孩不會犯大錯，而覺察的練習就能達到這個目標。

在生活中實踐

在做覺察練習時，會讓我們處於平常心，不過度放逸自己，也會深入內在的平靜與反思。根據研究，一個人在做覺察時，腦中情緒衝動的反應器杏仁核會縮小，讓我們冷靜的右前額葉電流量增多，所以可以使人不致太衝動行事而犯錯，同時也可以助長顳葉的電流——顳葉和同理心有關，因此可以發現當人在靜心覺察後，通常比較和藹可親。

增養品格的覺察教育非常簡單，就是好好地做覺察練習，改造大腦的電流反應，使人自動脫離原本衝動不安的慣性，而不是只有中心德目的講解、道德觀念的灌輸、模範生選舉、賞善罰惡的教學。以下便是可在生活中促進品格教育的做法。

延遲享樂的體驗

讓孩子面對眼前自己喜歡吃的東西，要他們在吃之前，先看著食物，聞食物的味道，延遲三分鐘後再吃。在這段時間中，覺察一下心中那股想吃的欲望。

枯燥自處的體驗

●**獨處：**坐姿不限，不可以睡著，十五分鐘內不能主動做任何事情，可以聽聽周遭的聲音。

●**覺察寫字：**準備紙、筆。一開始，重複寫正字，不畫畫，只要注意紙筆摩擦的感覺即可，也就是觸覺覺察。寫完正字後，可自己選擇要寫的字，從頭到尾提醒孩子關注紙筆摩擦的感覺。

●**聽噪音：**靜靜坐著觀察自己的呼吸三分鐘後，開始放一些可能很無趣的音樂，提醒孩子與聲音同在。

●**吃白飯：**單純地咀嚼白飯，體會白飯的味道。

●**三分鐘雕像：**讓孩子變成雕像三分鐘，在這三分鐘內，「雕像」必須靜靜地站著不能動。

三、擁有情緒的調適力

生氣有什麼關係？它只是一時的情緒。
難過有什麼關係？它總是來來又去去。
緊張有什麼關係？反正它是它你是你。
恐懼有什麼關係？慢慢看著它就可以。
情緒是一個頑皮小淘氣，鬧你一下它就會離去。
你黏上它，它就一直玩你；你壓抑它，它就一直鬧你。
它要的只是你的接納和容許。
讓它來讓它去，沒關係，好奇地看它變把戲，很有趣。
它來了，歡迎光臨行個禮；它走了，謝謝光臨隨它去。
它還是它，你還是你，你依然稱心又如意。

情緒沒有好壞之分

情緒只是我們內在的反應

一般人都會強調正面思考，排斥負面思考，然而，情緒沒有正向或負向，也沒有好壞對錯，它只是一時的狀態，是我們內在的反應。

正確面對情緒的方法不是圍堵它，而是疏導它；不是壓抑它，而是讓它流動。不要過度的跟隨和壓抑，情緒要來就讓它來，要留就讓它留，要走就讓它走，只要保持觀察即可。

樂樂、憂憂、厭厭、怒怒與驚驚

皮克斯的動畫電影《腦筋急轉彎》讓人印象深刻，也說明了自我覺察中的情緒核心理念：接納情緒。樂樂、憂憂、厭厭、怒怒、驚驚，是女主角萊莉內在的五種情緒，電影將五種情緒擬人化，表現出小女孩萊莉的內心世界。

影片中有兩大主角「樂樂」和「憂憂」。一開始，萊莉是一個由樂樂主導的小孩，總是很陽光正面，還常常受不了憂憂的負面思考。後來當萊莉搬到新環境後，適應不好，在學校壓力過大、心情很不愉快，憂憂慢慢想占領萊莉的核心思想。樂樂為了阻止憂憂主控一切，反而讓自己跟憂憂還有所有核心記憶球都被吸走了！

突然失去了快樂、憂傷這兩大情緒，萊莉的心生病了，成為只有厭惡、恐懼、生氣的人，後來怒讓她偷了錢離家出走。

樂樂和憂憂在外面流浪的過程中，遇到萊莉小時候的幻想朋友「小彬彬」，三個一起努力想回到控制中心，沒想到掉到垃圾坑中，小彬彬坐在懸崖邊難忍悲傷，無論樂樂怎麼搞笑安慰都沒用，但因為憂憂的安慰和同理，讓小彬彬打起精神，原本大家一直討厭的負面情緒憂憂，此時此刻卻發生激勵作用。

當樂樂和憂憂千辛萬苦地回到控制中心後，樂樂瞭解原來憂憂是關鍵角色，讓憂憂進入了核心思想，也因此讓萊莉哭了出來，回心轉意地回家了。

身心障礙的產生

我們常把情緒分為正面和負面兩種，如正面的歡喜、興奮，負面的生氣、憂傷，但是從這部電影裡，我們知道了即使負面情緒也有正面的意義，而且，有時正面的情緒可能是一種偽裝。

所以，把情緒分為正和負是一種迷思，容易讓人跳過真實的負面情緒，強行到達硬撐出來的正面情緒，反而衍生出許多身心的疾病。

焦慮症和強迫症的小孩就是因為恐懼面對錯誤，所以多了很多不必要的檢查和擔心，而讓自己困擾不已。如果班上有潔癖、考不到一百分就哭、非常乖巧規矩的小孩可能就有這個症狀，不要只因為他們符合規矩就以為沒事。

憂鬱症的人則無法容許自己的負面情緒，急於想要正常卻讓情緒更低落。所以，對於常常很安靜、沒有笑容的小孩，不要以為他們都沒事，也許他們正困於憂鬱症中。

我們指導小孩不能有負面情緒，過度強調正面教育的「正向思考」、「傳統道德」或「社會輿論」，加上自己對此強烈認同而不加質疑，往往成為心理疾病產生的源頭。

別讓正面思考變成僵化的執著

當我們過度強調正面思考時，常會排斥負面的想法，所以常常可以聽到許多正向標語和大道理，例如：生氣就是拿別人的錯誤懲罰自己；不生氣，要爭氣（暗示生氣是錯的）；不要在意你恐懼的，要在意你想要的（暗示恐懼是錯的）；凡事看開一點，不要想太多（暗示緊張、焦慮是錯的）；英雄有淚不輕彈，難過時，記得要笑（暗示難過是不好的）；能解決的不用煩惱，不能解決的煩惱也沒用（暗示煩惱是錯的）；好馬不配雙鞍，烈女不事二夫（暗示不能追尋自己所愛）；要，就做最好，不然不要做（暗示要完美，不可以失敗）。

另外，還有：愛是恆久忍耐又有恩慈，愛是不嫉妒（明示要忍耐，不可以嫉妒）；一切有為法，如夢幻泡影（暗示說人不用追求所愛）；仁義禮智信、溫良恭儉讓、四維八德、三綱五常（明示相反的就是錯了）……等。

這些道理其實都很好，也是人類的高尚情操，但是一不小心，就會變成根深柢固、牢不可破的執著，讓人的身體和心理受傷。

兼容並蓄的「全面」接納

當然，這並不是說正向情緒和思維是錯的，有時給自己正向的激勵的確有必要，正面的念頭也會吸引來很多幫助。只不過，我們在激勵自己時，也要容許接納自己有負面的念頭，這樣的情緒才是完整的。

想想看太極圖中，黑色和白色互相擁抱的圖象，如此一來，人生才會輕鬆地轉動。目前我們的教育太強調白色正向的部分，而壓抑了黑色負向的部分，缺少了人的完整性。

教孩子覺察，所強調的就是做本人，不要做別人；做好人，不要做完人。

這種對自我的覺察不同於「正面」思考，而是一種兼容並蓄的「全面」接納。

多覺察，少壓抑與放逸

面對情緒的慣用模式

面對情緒的時候，人類慣用的模式有兩種：壓抑和放逸。「壓抑」是一直阻擋情緒，「放逸」則是一直跟隨情緒。

◆壓抑情緒

壓抑情緒，就是不容許情緒的升起和持續。比如從小，你想哭時，大人教你「不要哭」；你很生氣時，大人教你「不要氣」；你很害怕時，大人教你「不要怕」；你很痛的時候，大人教你「不痛」；你想大笑時，大人教你「不要失態」。

我們被教導成不要面對負面情緒，而直接跳到正面情緒，這就是標準的壓抑模式。

但是，這種被壓抑的情緒不會因為被忽略就消失了，它會像心靈的毒素一樣留在體內，二十四小時毒害身體，比毒澱粉、塑化劑還毒，所以一些慢性疾病無法痊癒，大都和被壓抑的情緒有關，這些慢性疾病就是用來提醒我們該放下這種壓抑。

很可惜，普世的治療方法卻只注意治療生理的病，而沒有關注到心靈的部分，其實心靈才是源頭，對身體的病只能治標。

◆放逸情緒

放逸情緒，就是跟隨情緒、認同情緒，跟著感覺走，完全沒有其他選擇。比如愛生氣的人，容易謾罵別人不檢討自己；憂傷的人，習慣沉溺在悲傷中，不願意接受別人的幫助；緊張恐懼的人，就一直強化所害怕的正當性，不肯跳出自己原本的慣性模式。

覺察情緒才能達成和諧

無論壓抑或放逸，兩者都是極端的情緒處理方式，都會使我們受情緒所苦。那麼，有沒有一種方式是不壓抑又不放逸？當然有，那就是中道、平衡的「覺察」。

覺察是慢慢輕鬆地接納情緒，承認情緒的存在，知道自己正處於何種情緒。

也因為覺察到自己的情緒，所以不容易讓情緒主導我們，讓我們有了選擇權，不會過度去跟隨情緒，變成情緒的奴隸，比如「怒」這個字，就是「心奴」組成。

覺察是接受我們的心，受與心就變成了「愛」。而覺察情緒，正是愛自己和愛別人最好的方法。

「海綿寶寶」的體驗

有一次，我讓全班體驗，請他們當下那一分鐘不能想著「海綿寶寶」，結果大部分的人都做不到（做得到的人不一定是誠實的），尤其是我特別大聲地強調「海綿寶寶」時。

後來，我又要他們一直想著「海綿寶寶」，不能被其他想法干擾，大部分的孩子也做不到。

簡單的體驗結束後，班上展開了一番深入的討論。

「老師，那我們就這樣被情緒控制了嗎？」一個孩子問。

「當然不是，我們還是有情緒自主權。」我說。

他繼續發問：「那要怎樣去找到這個情緒自主權？」

「從一直變動的情緒回到不變的本體。」我回答。

「不懂！」孩子一臉疑惑。

於是，我給大家看了幾段「物換星移」的影片（以「物換星移」為關鍵詞上網搜尋影片可找到），問他們什麼東西在動，什麼東西不動。

「星星在動，攝影師的位置不動。」有人回答。

接著我播放海浪（網路搜尋「巴里島—海神廟海浪洶湧」）、雲朵（網路搜尋「隙頂—雲海．夜琉璃」）、瀑布（網路搜尋「新七大自然奇觀——伊瓜蘇瀑布」）的影片，繼續問大家：「什麼會動？什麼不會動？」

孩子們的反應很熱烈：「海浪會動，海岸不會動。」「海浪會動，觀浪的人不會動。」「雲會變，但天空沒變。」「水在動，人在橋上不動。」……

「對了！這世上有些東西一直在變，有些東西一直不變。如果情緒一直在變，那麼，一直不變的就是本體。」

「怎麼回到本體呢？」孩子很好奇。

「請問你怎麼會知道海浪在動？」我反問。

「因為我看到了啊！」他回答。

「對了，就是你站在原地清楚地看到了！所以，當你在看動態的水和雲時，就處在不動的本體。老師教的覺察，就是幫你們找回自己的本體，也有人說是本心、本來面目。一旦體會到了人有本體，就可以從情緒中抽離。」

「回到本體，就只是看著情緒那麼簡單？」

「沒錯！最根本的道理往往是最簡單的，真的很簡單，假的很複雜。」

情緒是讓人生更美好的特質

一直不太贊同情緒「管理」，因為情緒不需要管理，也不需要處理，只要面對、覺察、接納就可以。

當別人叫我們不要去想某件事時，我們反而更會想個不停；有時愈是努力要持續想著某一件事，卻愈不容易專注。情緒思維是不容易掌控的，不要希望去掌控它。

情緒是變動的，也是人之所以產生變動的特質，有時很精采有趣，有時很可怕猙獰，但是讓它來讓它去，不要太放逸也不要太壓抑，那麼，情緒就是讓我們人生更美好的特質。

別讓憤怒鳥飛來飛去

讓衝突化險為夷

常有人問我：「張老師，現在的學生不好帶對不對？尤其你又帶高年級。」

通常我都會回應：「還好啦！」

這個「還好」暗藏玄機，其實是不好帶，但是幸虧我有隨身攜帶「伯『覺』奶『察』」的習慣，常常喝，所以能讓師生衝突及時煞車，以下就是幾個與孩子的關係「化險為夷」的例子。

環保小尖兵事件

有一次，我請一個孩子幫忙送文件到教務處，她竟然拒絕，當下我覺得不太舒服，有點不悅地心想：「我是老師吔！」

這時，一旁的羽晴伸出援手說：「老師，我幫你送。」羽晴是班上熱心服務的「環保小尖兵」之一。

◆我把學生弄哭了

過了一會兒，那位同學一臉笑咪咪地來找我。「老師，我可不可以當環保小尖兵？」我忍不住心頭的不悅，對她說：「環保小尖兵不是以服務為目的嗎？老師多次請你幫忙做事，你都拒絕，剛剛也給你機會，你又拒絕了，所以現在我也只好拒絕你。但是以後會再給你機會，看看你會不會變熱心。」

我話還沒說完，她就板著臉孔回座位，緊接著，我聞到了淚水的味道，情緒激動的她已經哭成一片淚海。

我心想：「難道我錯了嗎？應該沒有吧！」我不覺得自己做錯了什麼，只是實話實說，而且也會再給她機會測試。她哭是代表被情緒所控制。

◆把執著變柔軟

原本心想這件事就這樣落幕吧！但是，後來我覺察了一下自己的情緒，認為自己處理得不太圓滿，我的心由執著變為了柔軟。

過了一會兒，我對她發出第一道命令：「請你來幫老師整理報紙好嗎？」

她立刻飛也似地來整理，但是面無表情。

「再麻煩你順便去整理櫃子和撿垃圾，好嗎？」

她仍然使命必達，毫不含糊，不過仍然面無表情。

等事情全都做完了之後，我叫她的名字，對她笑了一笑，這時她笑了，那個笑容真可愛，臭臉都不見了！

後來，我偶爾會讓她去做環保小尖兵。我覺得這是一個比較圓滿的結果，因為我覺察了自己。

學生的網路批評事件

我被學生在網路上批評過嗎？怎麼可能沒有！不過，誰能永遠不被批評？如果沒有人反對，反而代表我可能過度寵愛學生。至今我從未發現哪一個老師沒有被學生批評過，只差在是否讓老師本人知道而已。

有一回，班上「嗆師族」的成員之一在網路上抱怨：「我們老師很凶！」被我看到了。

我承認，有時對她講話會很重，尤其是面對她不斷重複犯錯的行為。聽她說以前的老師都會拉她去訓導處報到，但我從未這麼做，也沒有寫進聯絡簿。

◆從真相談起

隔天，我想找她談一談。發現自己做的事被揭穿了，她大喊：「老師，你本來就很凶！」

哇！惡人先告狀。這是可以讓人情緒爆發的一件事，而且若再進一步，甚至可能涉及網路犯罪。但是我覺得這次沒那麼嚴重，我喝了一杯淡定覺「茶」，讓內心平靜一下，接著面對面跟她談。

「你犯的那些錯，老師每一次都原諒你，不想跟家長告狀，也不像其他老師要拉你進訓導處。你在網路上批評老師，但我現在還笑笑地跟你講話。請問我是不是你說的很凶的老師？」

她不好意思地笑了。

我接著說：「你是個很真的小孩，說的是真話，不過你沒有講完整，漏講了老師多次原諒你的那些事。你的可取之處是說『真話』，但是老師要你知道『真相』，要你學習覺察情緒和寬容別人，就像老師現在這樣心平氣和地跟你講話。況且，你在網路上破壞老師的名聲不打緊，但是要小心涉及網路犯罪的事。」

她似乎有一點省悟，默默不語，但是面帶微笑。

那一次，我放她一馬不追究。可是事隔幾個月，因為我換了她的打掃工作內容，讓她很不高興，她再一次在網路上批評我，不過至少她這次學乖了，沒有提到我的稱謂。

吃素的我，卻殺了憤怒鳥

每天的第二節下課，全校同學都要做「新式健康操」，做完才能自由活動。為了讓班上愛打籃球的一群「書豪男」占到籃球框，我讓他們先下樓到操場，這樣做完操之後，馬上就有場地可以打球了。

可是有一天，幾個孩子得了便宜還賣乖，有四個人下樓做操時晚到了。

我從三樓對他們叫著：「做完操後，先跑三圈再打球。」

結果體操做完後，四位同學卻直接去打球，我提醒了兩次，他們都不理會。

我想可能自己的聲音不夠大，於是請來班上會「獅吼功」的女生對他們大喊：「老師說，做完操要跑三圈！」

沒想到幾個孩子仍然我行我素，繼續打球。

我乾脆拿起擴音器，再度要求他們，但是他們不從就是不從，真令人火大！

最後，我親自下樓把他們「拘提」回教室，並且處罰他們當天所有下課都不准去打球，而且每一節下課都要找我報到，原因是不守規定，漠視老師的命令。

我感到內心的憤怒不斷在擴大，我要修理他們，這時的我怒火已經點燃，快要忍無可忍了！

下一堂是科任課，孩子們離開去上課了，我在教室裡獨處。漸漸地，我覺察到自己的憤怒，並且「慢慢輕鬆看」這股憤怒，過不久，回到了「平常心」。

◆覺察神兵降臨

下課後，幾個人乖乖地來找我報到。

我問他們：「為什麼老師叫了那麼多次，你們都不理？」

回答是：「我們沒聽到。」

我反問：「真的嗎？」同時心想，有可能是我在三樓，他們沒聽清楚我的話，這點雖然有待查證，也或許是他們的藉口，但重點是……我不生氣了。套一句孩子的話：「覺察神兵降臨！」把我的情緒叛賊平定了。

我平和地繼續說：「我就知道，你們開始努力向善了，怎麼會如此大膽違規，或許真的沒聽清楚吧！」接著問他們：「為什麼老師的態度和上一節下課時差那麼多，你們知道嗎？」

有人回應：「因為老師有覺察。」

我說：「沒錯，覺察會帶來好事，記得了！」

我帶著平常心，要求他們補跑操場，並且開放他們下一節下課就可以去打球。回想自己原本很生氣的情緒，這杯「覺茶」拯救了四位苦難的生靈，也釋放了我。

廚餘桶責任事件

一天中午，由於全班在吃完午餐後，都要去韻律教室練習校慶體育表演會的大會舞，我特別提醒負責抬餐桶去餐車倒廚餘的學生，記得提早回教室處理。

結果，當我氣喘吁吁地教完舞後回到教室，發現班上還有兩個餐桶沒有送回去，心裡為之氣結。我的心被「餐桶」綁住了，學生因為要上科任課不能耽誤，於是我趕緊親自送回去，但是餐車卻早已經離開，讓我白跑一趟，這時，我心中的火山爆發了！

當全班下課回到教室，我不但罵了負責的同學一頓，也責備其他同學都坐視不管。

我請兩位負責的同學去處理廚餘，沒想到他們竟然把廚餘放在陽台上，就放學走人了！同樣的戲碼再次上演，真的沒救了嗎？

◆擺脫情緒的操弄

隔天早上，我收起了老K臉，沒有罵人，心平氣和地問明了原因，要他們負責到底，中午記得去丟廚餘。

中午吃飽飯後，兩個負責人始終都沒有動靜，但我在等著。後來，兩人總算著手去做了，並且主動幫忙把遺漏的小餐桶送回餐車。我看到了孩子最終的責任感，給了他們一番誇獎，並提醒他們下次不要再犯同樣的錯誤。

其實，一旦我們看到了憤怒的自己，這股憤怒就已經被監控了，甚至會「見光死」。

這就是覺察當下的妙用，只要學會了這招，我們再也不會成為被情緒操弄的玩具（覺察指導語：「全班都零分之覺察練習——覺察生氣」可上網搜尋到，參見第二六一頁）。

聽見孩子的心聲和掌聲

我想當的是「真」老師

不知道有沒有大人那麼「無聊」地問過小孩：「你曾經罵過我嗎？」

我就問過！五下學期末最後一天，我做了一個大膽的調查，問全班：

「曾經在私下或當面對老師講粗話或髒話的同學，請舉手！」

結果呢？竟然全班都舉手，天哪！

如果你是我，不知道心中作何感想？至於我倒是覺得還好。

其實我不太想當好老師，好老師壓力太大。我比較想當「真老師」。所謂「真」，意思是「真誠直心，教導真理」。

我們班的「真」小孩

說到「真」，我們班就有不少真小孩。

看到學生對老師出言不遜，有人可能會認為，做老師的怎麼不鎮壓一下，不然升上六年級怎麼辦？但我的想法不一樣，我容許孩子說出不悅耳的真話——即使是針對我。

這是我瞭解孩子的方式之一，雖然難免會不舒服，但經過覺察情緒之後就平靜了。除非有些話真的太離譜，我才會個案處理。

我的真小孩們，當他們不願配合老師給的指令時，會瞪我、偷偷罵我，甚至有人會暗地說我是腦袋壞了。

為了讓大家體會自我覺察，我曾進行給全班都打零分的一項教學實驗。後來我請學生吃冰時，班上的羽茉爆料：「老師，你改我們零分時，凌茉有罵你。」

一旁的凌茉急著要她閉嘴，因為凌茉在老師面前是一個形象非常好的學生，卻被同學這樣爆料，她有點驚慌失措。

其實我想告訴凌茉的是：「這沒什麼，不要太在意。」

羽茉繼續爆料：「老師，皮卡丘也說叫你去吃『蛋糕』！」（這是比較文雅的說法。）真是沒有白請羽茉吃冰，因為她告訴了我真話。

但我的情緒仍舊沒有太大波動，因為運用自我覺察做了調整，這樣的批評不會讓我覺得沒面子而生氣。

我的情緒調整課

我曾經教過孩子一個「飯店的主人與客人」的觀念，「主人」是本體，「客人」是情緒。飯店會有好客人，也會有壞客人，這是正常的現象，但是主人要多觀察，不要只是隨著客人起舞，也不要以為他們會長久入住，因為既是客人，遲早會離開的。

還有一個「快樂的鑰匙」體驗活動，我請每個人動手做一把精美的鑰匙，稱之為「快樂的鑰匙」，藉此教給大家：快樂是我們原本就有的寶物，有了這把快樂的鑰匙，我們才可以回到快樂的心靈之家休息。當有人惹我們時，不要輕易生氣，那等於把自己的快樂之鑰送給了對方；就算不小心送給別人，也要快一點平撫情緒，把快樂之鑰拿回來。

這就是我的情緒調整課，所以學生要把我激怒是不容易的。

跳脫情緒漩渦

對於孩子們，我以身作則示範情緒調整的成效，從未因學生對我出言不遜就寫聯絡簿或打電話給家長，也不曾因為學生被糾察隊開紅單，而把他們帶去訓導處或扣分。

當下在「案發現場」，我會先運用覺察的口訣「慢慢輕鬆看」，覺察自己生氣的情緒，內心穩住之後，溫和地跟孩子說話，讓他們感受到和緩的氣氛。

在孩子的情緒強度降低後，告訴他們：「你要感謝覺察，因為它使老師沒有痛罵你，今天才會輕罰。但是你也要學老師『覺察情緒』，才不會再犯錯。」

不過我得承認，我也不是每次都能做到，無法永遠情緒平穩，但我接納自己的不完美。人的情緒是不斷變動的，使我們處於變動不安的「小我」波動狀態，而覺察可以引人進入平靜祥和的「本體」穩定狀態。在我們觀察情緒的當下，便已從情緒漩渦跳出，觀察到情緒的變動之後，自然能回復平靜。

就像飯店主人和客人的比喻，如果一直以為情緒等於自己，親子、師生與親師之間的衝突情況將難以改善，如此一來，教育變成了「怪老師」、「怪獸家長」和「壞小孩」的一場混戰。

乖小孩與真小孩

雖然被人批評會不太舒服，但我是一個可以讓學生說缺點的老師，我也這樣教導孩子：

讓別人批評沒有關係，沒有人是完美的。如果硬要維持「東方不敗」的神聖形象，就得耗費更多力氣去維持形象，而且會激使對手組成復仇者聯盟。或許別人從此不會當著你的面罵你，但是在背後可能罵得更凶，彼此維持著這種表面關係，無法交心，也難有心靈成長。

容許孩子出言不遜，我這個大人可能丟了面子，卻慢慢贏得「嗆師族」的信任和友誼。我曾當著全班的面對他們說，當他們不高興時批評老師的話是真的，但是當有一天他們講老師好話的時候，那也是真的。

坦白說，平常很乖的人說的好話，不一定全是實話，因為乖小孩中，有的可能是為了獎勵和肯定，不敢在老師面前造次，有的可能是陽奉陰違。

真小孩就不一樣，喜歡就是喜歡，討厭就是討厭。

乖小孩在這一點上要學學真小孩。而真小孩則要好好學習覺察自己的情緒，才不會變得為所欲為，囂張猖狂。

嗆老師，又抱老師

五年級下學期最後一天上課，趁著放暑假前的最後十分鐘，我感性地告訴大家：

「老師教了你們一年，很少說我愛你們，但是老師真的很愛你們。我教的方法，你們現在可能還感受不出來，但是具備了這種情緒自主和心靈自由的能力，可以受用一輩子。」

我停頓了一下，繼續說：

「老師很想抱抱你們，但是又擔心你們誤會成性騷擾，所以，老師讓你們抱吧！你們可以適度地騷擾我。」

話剛講完，有幾個男生走到我面前，我給了他們難以呼吸的緊抱，接著全班男生都來了。

但是，女生沒有半個人，可能是怕羞吧！

這時，只見瞳瞳偷偷離開座位和麻吉呆娘竊竊私語。

我問她：「瞳瞳，你要抱老師嗎？」

「不！」她大聲尖叫，同時一直狂笑著。

結果她錯失了先機，女生組「頭香」被另一對死黨凱蒂和安妮搶到，之後一發不可收拾，全班女生也全出動來擁抱老師。

嗆老師，又抱老師，這就是孩子，這就是人性。當真性情的教育突破了嗆聲的防衛，你就會聽到孩子的心聲與掌聲，讓你感動至深。

促進情緒自主的實踐總整理

以活潑的方式引導孩子

正念覺察是一種非常簡單又有效益的心靈成長法，值得大人、小孩一起來練習，不但能促進學習動機，讓行為更有品、更自律，還可以提高抗壓性，若要讓情緒達到更平衡，也可以靠覺察。其實覺察就只有一招：對當下的注意。因為最難的事就是心被卡住，而觀察當下的自我，是讓自己不卡住的好方法，心結一旦解開，外在的所有行為也就容易克服。

進行覺察時不必特別做什麼，只需要在當下觀照自己。

不過，對於孩子可以用比較活潑的方式及活動來引導，有助於理解和實踐，以下是我常用的幾個方法。

腦筋急轉彎和笑話的例子

◆太興奮會傷身

Q：陳姓富商死在自家書房裡，牆上有三個彈孔，但他的身上沒有外傷。請問他是怎麼死的？

A：笑死的，因為對方槍法太差了。

◆覺察恐懼

Q：對於一個想把頭髮留長到腰際的人來說，最重要的是什麼？

A：晚上不要出來嚇人。

◆覺察生氣

晚餐時，丈夫的手機響起來訊提示聲，一旁的妻子瞄到螢幕上的訊息，竟然是丈夫的祕書傳來：「老闆，我懷孕了……」

做太太的氣炸了，不聽丈夫解釋就對他拳打腳踢，打到他鼻青臉腫時，訊息聲又響了，妻子立刻一把搶過手機，只見祕書傳來訊息的後半部：「明天我男朋友要帶我去做檢查，我請假一天。」

太太愧疚地轉過頭看丈夫——他已經休克了。

唱歌

透過教唱相關的歌曲並解釋歌詞涵義，可以讓情緒教育更活潑。比如五月天的〈你不是真正的快樂〉、蕭煌奇的〈簡單的快樂〉、庾澄慶的〈快樂頌〉、蘇打綠的〈天天晴朗〉等，都很適合。除了現有的曲目，也可以自創歌曲來教孩子認識情緒。在此提供兩首自創曲參考：「全班都零分之情緒教育歌曲——讓它來讓它去」、「全班都零分之情緒教育歌曲——你抓不到我」，以此為關鍵詞可上網搜尋到這兩首歌（參見第二六一頁）。

瞭解面對情緒的三種方法

面對情緒時，有三種方法：壓抑、放逸和覺察。

首先，要讓孩子瞭解「壓抑情緒」與「放逸情緒」的缺點，可以用影片輔助。例如關於情緒的壓抑，可以先讓孩子看一段人被強力水柱沖倒的影片（以「水柱」為關鍵詞搜尋網路影片），讓學生瞭解，原來情緒就像水柱有強大的破壞力，如果硬要去擋它，可能會被沖倒，甚至受傷。接著再以大禹治水為例，說明大禹用「疏導法」與他父親鯀以「圍堵法」治水的不同，並讓大家發表當自己不敢表達情緒時，內心的感受。

接下來關於放逸情緒而隨之起舞的影片，首推「席丹頭槌」事件，在二〇〇六年世界盃足球賽決賽中，法國足球名將席丹突然以頭槌頂倒對手。或許席丹有其苦衷，但是從這個例子，孩子們看到了有「世界足球先生」之譽的席丹，如何因為一時情緒失控而頭槌對方，因此輸掉冠軍金盃的過程，瞭解到情緒失控的可怕。接著也讓大家談談自己的類似經驗。最後，可以進一步與孩子討論，除了壓抑和放逸之外，有沒有第三種方法去面對情緒？由此，便能導引出少壓抑、少放逸的情緒覺察法。

情緒遙控器的遊戲

先讓孩子觀看情緒影片，影片中包含了生氣、難過、緊張、恐懼、開心等，各種各樣的不同情緒表現。

進行遊戲時，由老師或父母來按下「情緒遙控器」，讓孩子即興發揮創意，隨著遙控器的指定表演出各種不同的情緒，及以壓抑、放逸和覺察等三種不同心態的面對方法。

「快樂的鑰匙」保管活動

這個活動目的是讓孩子瞭解，每個人都有快樂的選擇權，不能把自己的不快樂全怪罪給別人。

首先，請孩子動手製作一把精美的快樂鑰匙（材料以方便取得為優先，例如以紙製作）。可以對孩子說明，這就是我們每個人原本都有的快樂之鑰，累了的時候，我們可以用這把快樂的鑰匙回到快樂的家，好好地休息、放鬆。

但是，當我們因外在的人、事、物影響而生氣、苦惱時，就等於把自己快樂的鑰匙交給了別人，心回不了家，只能在外面流浪，得不到安心與喜悅。

最後，請孩子把「快樂的鑰匙」放在桌墊下，好好保管，當自己手中這把快樂之鑰的保全人員，不要輕易交給別人。

日後當孩子對別人生氣時，可以問他：「你要不要把快樂的鑰匙交給對方？」一切都看自己的決定。每個人絕對都擁有自己這把鑰匙的使用權，除了「身體自主權」，我們也有「快樂自主權」，可以當個心靈自由的人。

遇到孩子們吵架時，在排解完之後，我都會問雙方：「你要不要把快樂的鑰匙交給對方？」通常回答都是「不要」，這時我進一步地說：「你有權利決定自己快不快樂，不需要問對方。」學習保管「快樂的鑰匙」，也是一種促進心靈自主的練習。

本體與小我的體驗

首先，找一些圖片，要孩子分辨出「不動的本體」與「變動的小我」，例如：海底（不動）與海浪（變動）、天空（不動）與白雲（變動）、橋（不動）與流水（變動）等。

接著，請孩子舉出其他「動」與「不動」的例子。

最後，要孩子以「心的旅館」為主題畫一張圖，可以先這麼說明：

「如果以一家飯店作比方，我們的本心就像是飯店的主人，它一直都存在不變；而情緒就像是來來往往的客人。身為主人，有時候會遇到好客人，按時付錢，配合要求；有時候會遇到無理的客

人，不僅大吵大鬧，還破壞東西，甚至不付錢。如果主人硬要與麻煩的客人對抗，那一定會兩敗俱傷，有時甚至還會搞不清楚兩者的差別。不管客人有多無理，他們畢竟還是客人，只是住一陣子，終究會離開。我們要當好主人，瞭解客人一定是來來去去的，不要受他們擺布。」

說明完之後，請孩子自由畫出圖畫。

接著開放討論，鼓勵孩子說出如何藉由自我覺察，讓自己從「變動的小我」回到「不變的本體」。

實際的覺察練習

前面都是教情緒的知能，其實最重要的還是實際練習。

正念覺察的情緒教育和一般的ＥＱ教育最大的差別，是在「當下」的實際練習，運用非常簡單的「停」、「慢」、「鬆」來觀察呼吸，不斷地在當下練習，即使不小心使情緒放逸或壓抑，也不必自責，在當下保持注意力再進行覺察就好。

◆情緒ＣＰＲ：停與慢

第一個要學的是情緒的急救法：「停」字訣和「慢」字訣。

「停」字訣就是發現自己情緒很激動時，先告訴自己暫停一兩秒，感受一下它。

然後用「慢」字訣，慢慢輕鬆看，慢慢做動作或講話。

◆哈利波特魔法氣球

覺察情緒的方法，通常不外乎觀察呼吸、動作或心念，此外，有兩種結合氣功的覺察練習也很好用。首先是「哈利波特魔法氣球」，這是一種手掌的氣感體驗，步驟如下：

1.先讓孩子坐正，就像量身高時那麼挺。

2.接著要孩子的兩手掌心向上，指尖相對，手放腰部。

3.雙手往上時吸氣；到肩膀時，翻掌向下並吐氣。（這樣做個十次，不時提醒孩子要將動作放慢，注意力輕輕地放在手掌。）

4.然後，把兩手掌心相對，慢慢靠近又離開，動作慢一點，覺察一下手的感覺。（這時可以告訴孩子：「雙手有麻、脹、癢、刺的人請點頭。」）

5.兩手掌心保持相對，再往中間靠攏，仔細感受是不是會到達一個不容易推進去的點。（大部分的人都會有這種感覺，這種很明顯的氣感就是「魔法氣球」。）

6.讓孩子把手掌上下轉一轉，好像在摸球一樣。

這就是我們身體的氣感，也是一種電能，從來就沒有離開過我們，但是如果不「慢慢輕鬆」地去感覺，就不明顯。愈靜心覺察則愈明顯，平時可以常練習。

◆拉長呼吸的練習

一般的覺察練習不太注意呼吸的長短，但是實際運用在孩子身上之後，我發現這方法並不適合每一個人，因為容易變得散亂。

於是，我先教孩子練習拉長呼吸，再把注意力放在覺察上，如此不僅不容易散亂，還能透過呼吸調整身心，達到氣定神閒的效果。這樣做一陣子後，再恢復自然呼吸。練習過程中，只要讓自己身體放鬆，把呼吸拉長些，以不讓呼吸太憋為原則即可。

覺察的兩個考驗

做完前面的練習後，可以來進行測試，我有兩個融入遊戲的考驗方法。

◆入戲與出戲

放幾段會讓人心情七上八下的影片，同時要孩子觀照自己身體和心理的反應。

例如，先放一段令人看了就「生氣」的影片（如電影《葉問1》中金山找到棉花廠找碴的段落），或是使人「恐懼」的影片（比如特技表演）。要孩子試著邊看邊覺察自己的感覺，問問他們會不會心平氣和而無法入戲。如果對這段影片無法入戲，那在日常生活中，是否也能不受那些會讓我們生氣、恐懼、緊張的戲所影響。可以多找一些影片來做測試。

◆ 音樂悅不悅

在測試過比較嚴肅的情緒後，可以試試比較輕鬆的，就是在靜坐的同時，放一些令人不悅、好笑或特別的音樂干擾孩子，要他們運用自我覺察來穩住情緒。我有用過學生的搞笑聲、歌劇、京劇、客家山歌、熱門音樂、噪音等。

四、突破框架的行動力

成也框架，敗也框架，
心中有了固著的一套，必定落入俗套，被緊緊套牢。
所有已知的都不是真相，真相永遠在我們的框架之外，
翻啊翻，跳啊跳，開啊開，
把心鬆開，把心打開，接納任何非預期的事，
你的心可以看到窗外的藍天，心靈自由地浩瀚無邊。

全班都零分

不讓別人決定自己的價值

當社會傳統都這麼教、大家也都跟著這樣做，你卻認為「好像不是這樣」，這時，就該像金庸筆下的人物一樣來破一下「框架」，試著去打破限制——「破框」，破得讓你瞠目結舌、不知所措，你才能回歸本源。

在學校，我引領學生瞭解覺察的思想；回到家，則常與號稱「小蘇格拉底」的兒子繼續討論心靈哲學。有個從事心靈教育的父親，兒子從小也耳濡目染，國中時曾以《修練當下的力量》一書的閱讀及實修心得，獲得生命教育的寫作獎。就在父子倆的笑談中，激發我許多關於心靈教育的靈感。

有一天，我們聊到一個很有趣的點子，我決定隔天就來試試。

我給全班都打零分

第二天上課時，我拿著麥克風告訴大家：「現在開始上課。」但是，接下來我一句話也沒有說，就這樣看著全班，所有孩子都不敢說話，也同樣看著我。過了一會兒，有人開始做自己的事，有人兩眼無神，有人靜坐覺察，有人乾脆趴下睡覺……就這樣持續沉默了十五分鐘，我終於開口對全班說：「剛剛不覺得枯燥的人請舉手。」有十二個同學舉了手。

接著我說：「現在，請每個人寫下剛剛十五分鐘靜默的心得，交給老師，我要給你們打分數。」只見每個人都聚精會神地埋頭書寫，然後不太有自信地交給我「打分數」。

我看著每個孩子的心得，露出了慈祥的笑容，開始一一打分數。

「老師瘋了嗎？」

「什麼？零分？」

「你多少？哈哈哈！和我一樣也是零分！」

沒錯，不管寫了多少字，寫得多麼貼切、多有智慧……我給每一個人都打了「零分」。

「怎麼會？老師在開什麼玩笑？」班上的幾位優等生很納悶，他們考試一向都是接近一百分的。

「我從來沒有得過零分，好慘！」好幾個人臉漲紅了，看到零分時當場呆住。

「我零分！好棒！」也有人這樣大喊。

這時，我宣布：「同學們可以把心得修正完後，再拿給我改。」

第二次收到大家的心得，我陸陸續續送出了幾個鴨蛋，尤其是針對一些平常表現優秀的學生。

不少人感到生氣、沮喪，口中念念有詞：

「老師是不是受了什麼打擊啊？」

「老師可能已經瘋了。」

我始終面帶微笑。

「怎樣才能得一百分？」

後來零分給得差不多了，我開始給一些孩子打上「一百分」。

「耶！我一百分！」傑斯大喊。

立刻有好多同學靠過去看他寫什麼，然後也照著寫好後交過來，但我還是給——零分，這是在告訴他們不要只會模仿。

「我快瘋了！到底要怎樣才可以得一百分？亂寫算了！」有人這樣說。

聽了這孩子的話，我真的給了他一百分。接著，增加了打一百分的頻率，得了滿分的孩子們大聲炫耀著，直到我最後喊停。

「全班都零分」的體驗到此結束。

「因為白膠漲價了！」

望著一張張充滿疑惑的天真臉龐，我問：「你們知道老師為什麼要給你們零分嗎？」

孩子們給了很多想法：「要讓我們體會挫折的感覺。」「要我們學習覺察情緒。」「要我們別太完美主義。」……

但我都只說：「很接近。」

我覺得這些都是很理性的答案，是經過邏輯思考的答案，是投老師所好而給的答案。不能說是錯的，但是，就是少了一種破框式的思考。

我故意哀嘆：「哎呀！看來老師教你們覺察那麼久，都白教了。」

聽到「白教」，班上的「跳tone女王」瞳瞳說：「老師，我說一個答案，你不要罵我。」

我回她：「你說吧！」

「因為白膠漲價了！」她說。

聽到這個無厘頭的答案，我立刻回應：「答對了！」

全班笑成了一團，還有人竊竊私語：「老師一定是瘋了，改零分又亂回答！」

這時，開始有人跟著講一些和瞳瞳很像的回答，面對這些東施效顰的答案，我卻又說：

「不是！」

孩子們的標準已經被我打亂了，他們應該快崩潰了。

突破一百分的魔咒

「白膠漲價」為什麼是好答案？因為這個孩子突破了原有的思想框框。當一些「有慧根」的孩子給我很「標準化」的答案時，如果以平常的標準，我一定會說他們很好，但是今天這個「全班都零分」的體驗，我是要讓孩子們打破原有的思想窠臼：為什麼一百分就一定要狂喜？零分就一定要狂悲？

我要他們突破一百分的魔咒。

我開口說明：「老師給你們的零分，不是你們原來認為的那個零分，而是『歸零』的意思，也就是『零分』是說你不錯，已經思想歸零，而給一百分則是你想太多了。」

這樣的解釋又顛覆了一次他們的想法，我想孩子們又崩潰了一次。

接著，我進一步說：「為什麼你們要那麼在意老師給的分數？你們的價值由我決定嗎？萬一有一天，遇到一個亂批評你、亂給你打分數的人，就像老師這樣，你不就瘋了？你本來就有價值，和老師的評分無關。你本來就有價值，不管別人怎麼評論你。請你們一定要相信自己的本有價值，不管得到零分或一百分，不管老師怎麼說你。」

我知道，大部分的孩子還不太能體會，但我還是教了這個甚深的概念，希望有人能跳出框框，瞭解：自己的價值不是由別人決定的。

自己的價值，要由自己決定。

這一節，學生說老師的缺點

全班都是我的指導老師

學生可以公開講老師的缺點嗎？

當然可以！

在台北市石牌國小六年十三班，我給了學生一份作業，要他們回家寫完。那是一張寫下「老師的缺點」的學習單。

當我發下這份作業時，有些學生覺得好訝異，也有人覺得好高興，甚至還有人問：「老師，可以罵髒話嗎？」

我想這張學習單的主題，在台灣的「尊師重道」傳統下應該很罕見吧！或許學生這一生就只有這麼一次機會，可以寫這種作業。

我補充說：「老師絕對不會秋後算帳，你可以盡量寫。如果你還是怕怕的，就不用寫名字，如果你不怕老師找麻煩，就直接寫上名字。但是寫老師的缺點時，請描述得清楚一點，不要只用個重男輕女之類的籠統說法。」

我稱這堂課為「吾愛吾師，吾更愛真理」。這也是我自訂的教師專業成長課程，指導教授是全班三十一名學生。

突破心裡的框框

這個活動，源自一個叫做「突破心裡的框框」的教育主題。在此之前我學到了一個概念，孩子最在意的事稱為「心裡的框框」，有一段時間，我要他們用我所教過的「覺察當下」的方法，來突破心理障礙，練習靠自己轉化逆境。

經過這樣的練習後，同學們紛紛交出了不錯的「破框」成績單：厭惡寫作文的人，現在可以馬上寫完一篇；討厭功課的人，一天可以寫八個單元的作業；午餐時原本爭先恐後打菜的人，竟然自願排到最後再打；跳舞不認真的人，開始能抬腿舉拳；視籃球如命的人，可以三天不打球；甚至有一位很在意別人說她胖的同學，自願上台讓大家說她的缺點……

在這項課程進行中，有一半的孩子勇於破除了自己心裡的框框。

在我感覺很高興的時候，聽到了一個特別的心聲：「老師，你考我們，那我們也要考你。」就這一句話，讓我覺得該是老師上場的時候了。

這句話看似目無尊長，但也正好是我可以親身示範的機會，我說：「老師敢考你們突破自己的框框，我當然也可以做給你們看。」

質疑權威顯真理

長久以來，「質疑權威顯真理」一直是我的思想中心。以相對位置而言，我對學生來說也是一種權威，所以他們當然可以質疑我。

在真相和真理之前，師生只是一個頭銜而已——今天的學生可能變成明天的老師，今日的老師也可以成為明日的學生。師者所以傳道、授業、解惑，但是師者也需要「被」傳道、授業和解惑，這是我認為最棒的教師專業成長方式！

當我教育學生要情緒自主，不要把快樂的鑰匙交給別人保管，要能突破自己的框框時，當然，我也要以身作則，親上火線。

為孩子鼓掌叫好

隔天回收這份學習單時，發現大家還真的洋洋灑灑地寫了不少。

有人一面寫不夠，寫到了背面，訴說老師的罪狀時用詞犀利，不留情面；也有人並不在意老師的缺點，留了一片空白；還有家長說不可以講老師壞話，所以學生「沒寫作業」。

在看這一張張學習單的當下，還真有點不舒服，沒有人看到一大疊自己的罪狀還會很開心的，而且平時學生不可能用這種語氣跟我說話。但是在自我覺察五分鐘之後，我平靜了，也從這些外相脫困，甚至從中獲得啟發，我忍不住開始邊看邊笑。

當天最後一節的綜合課時，我先問大家：「你們知不知道，為什麼老師要辦這個體驗活動？」

有人率先發言：「因為老師要知道自己有什麼缺點。」我點點頭。

第二位說：「老師要讓我們發洩一下情緒。」我也微笑著肯定。

第三位說：「老師要練習覺察。」我覺得更貼切。

最後有一位說：「老師要讓我們知道沒有人是完美的。」我心中鼓掌叫好。

他們都說中了我辦這個體驗活動的原因，但是沒有人提到雙向溝通、質疑權威和體驗挫折等目的。

把老師的缺點念給全班聽

同學們的發言告一段落，我特地找了平常對老師講話比較直接的「嗆師族」學生，帶著「老師」的大牌子上台，請他念同學們所寫的「老師的缺點」。台下的同學們一邊聽著他念，一邊也不時在觀察我的反應。

有人說老師重男輕女，也有人說我重女輕男；我的心太軟；明明是男生吵鬧，卻連女生一起處罰；我說話不算話，不聽別人解釋；有時故意裝溫柔的聲音讓人想吐；只會幫男生加油，都不幫女生；雖然模範生犯了錯，但是不要拿模範生的頭銜壓他；因為練校慶大會舞不能上的閱讀課，要補給他們……洋洋灑灑的罪狀一大堆。

我特別節錄一段最嗆的批評，而且很佩服她敢署名。

班上的「小辣椒三號」說：「每次都講覺察不覺察的，煩死了！只會跟我們講覺察，自己都不會覺察，一直出覺察的作業是怎樣？說我們大會舞跳不好，自己又跳得多好啊？說我們『少女時代』的舞跳不好，你來跳跳看啊！覺察很有用嗎？叫我們用之前你先用吧！」

大概是覺得這些指責太過辛辣了，有同學貼心地安慰我：「老師，你不要傷心。」我則回應說：「傷什麼心啊？我很開心呢！」

這些批評我照單全收，順便謝謝這個難得的「教師專業成長團隊」。人家的教師專業成長課程是老師觀課，會後經過一些包裝，然後委婉提出建議。我上的這門課則是同學觀課，現場砲聲隆隆。

接納自己的不完美

孩子們的批評講完了，換我來回應大家的指教，我笑笑說：

「其實你們的火力比我想像的小。不過，對我可以這樣，這種方式並不適用於每一個老師喔！老師沒那麼厲害，無法時時刻刻都做到自我覺察，但是我知道這樣的方式會帶領你們突破人生的困境。沒有人是完美的，但我願意接受自己的缺點，希望你們也能接納自己的不完美。以後也一定會有人誤解你、打擊你，你要學會讓自己平靜。如果你們不喜歡『覺』茶，其實老師可以給你們奶茶、烏龍茶、紅茶或綠茶。要是真的那麼反感，那以後日記寫覺察的主題時，不想寫的人就自訂題目吧！」

突破框框，調整自己

順著同學的反應，我也試著做了一些調整。

首先，補給他們三堂閱讀課，並且多講笑話。

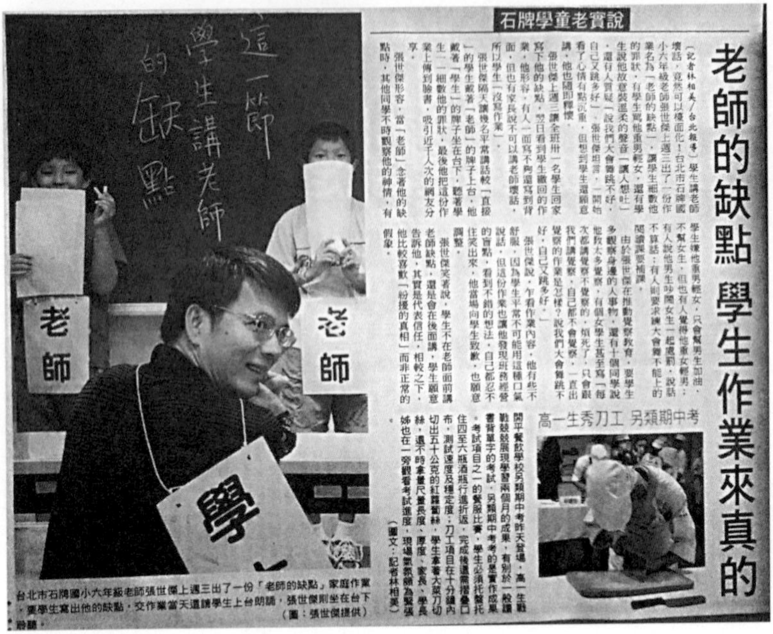

老師的缺點 學生作業來真的

石牌學童老實說

（記者林相美／台北報導）學生講老師壞話，竟然可以檯面化！台北市石牌國小六年級老師張世傑上週三出了一份作業名為「老師的缺點」，讓學生細數他的罪狀，有學生罵他重男輕女，還有學生說他故意裝溫柔的聲音「讓人想吐」，還有人質疑「說我們大會舞跳不好，自己又跳多好」。張世傑坦言，一開始看了心情有點沉重，但想到學生還願意講，他也隨即釋懷。

張世傑上週三讓全班卅一名學生回家寫下他的缺點，翌日看到學生繳回的作業，他形容，有人一面寫不夠還寫到背面，但也有家長說不可以講老師壞話，所以學生「沒寫作業」。

張世傑隔天讓幾名平常講話較「直接」的學生戴著「老師」的牌子上台，他戴著「學生」的牌子坐在台下，聽著學生一一細數他的罪狀，最後他把這份作業上傳到臉書，吸引近千人次的網友分享。

張世傑形容，當「老師」念著他的缺點時，其他同學不時觀察他的神情，有學生嫌他重男輕女，只會幫男生加油，不幫女生，但也有人覺得他重女輕男；有人說他男生吵鬧女生一起處罰，說話不算話；有人則要求練大會舞不能上的閱讀課要補課。

由於張世傑在推動覺察教育，要學生多觀察身邊的人事物，還有十個同學說他致太多覺察，有個女學生甚至寫「每次都講覺察不覺察的，煩死了，只會跟我們講覺察，自己都不會覺察，一直出覺察的作業是怎樣？說我們大會舞跳不好，自己又跳多好。」

張世傑說，乍看作業內容，他有些不舒服，因為學生平常不可能用這種口氣說話，但這份作業也讓他發現班務經營的盲點，看到不錯的想法，自己都忍不住笑出來，他當場向學生致歉，也願意調整。

張世傑笑著說，學生不在老師面前講老師缺點，還是會在後面講，學生願意告訴他，其實是代表信任，相較之下，他比較喜歡「紛擾的真相」而非正常的假象。

台北市石牌國小六年級老師張世傑上週三出了一份「老師的缺點」家庭作業，要學生寫出他的缺點，交作業當天還讓學生上台朗讀，張世傑則坐在台下聆聽。（圖：張世傑提供）

高一生秀刀工 另類期中考

開平餐飲學校另類期中考昨天登場，高一生戰戰兢兢展現學習兩個月的成果，有別於一般讀書背單字的考試，另類期中考的是實作成果。考試項目之一的餐服比賽，學生必須托盤托住四至六瓶酒瓶行進折返，完成後還需摺疊口布，測試速度及穩定度；刀工項目在十分鐘內切出五十公克的紅蘿蔔絲，學生拿著大菜刀切絲，還不時拿量尺量長度、厚度，家長、學長姊也在一旁觀看考試進度，現場氣氛顯為緊張。（圖文：記者林相美）

「小辣椒三號」說我批評她們校慶大會舞的「少女時代」舞蹈表演跳得不好，於是我下去跳了，應該也算是突破老師的框框了吧——結果她們嫌我跳得很難看……

我也學著心要硬一點，處罰上音樂課時一直吵鬧的孩子下課只能在教室活動，這對我來說是不容易做到的，通常我半途就會不忍心地放棄，但是後來我「覺察」要堅持下去，於是，長久以來在音樂課上吵鬧的同學們終於收斂了，音樂老師也給予肯定，孩子們的建言果然有用。

良性的迴響

我把這次的教學實驗紀錄貼在FB上，貼文出來的隔天，接到了十六家平面媒體和新聞媒體的採訪，或許讓學生講老師的缺點，真的太顛覆一般觀念了吧！

我請孩子們寫下對整件事的感想，其中，有幾位寫得比較深入。

小白：「我覺得這個活動怪怪的，哪有學生講老師的缺點？應該是老師罵學生才對，就像天地反了。」

羽晴：「我以為老師是出好玩的，原來是真的，而且對我們的建議也都接納，還真的有點佩服。」

也有學生寫：「我覺得我無法像老師這樣把缺點讓大家念出來，我覺得老師很厲害，每個人都不可能完美的，但是勇敢接納自己的缺點，才能不被缺點綁住。」

雨晴的美言讓我有平衡一下，她說：「我覺得老師很厲害，因為沒有一個老師敢這樣被我們批評、這樣嗆，只有你敢，也只有你願意。」

史丹利也有話要說：「雖說老師飽受大家的批評，但是老師卻神態自若的，好像什麼事都沒發生，可見平常教大家覺察的老師，自己也有覺察啊！」

還有很切合我心的回應：「老師和學生有些地方是平等的，沒有人是完美的，老師也是，面對缺點才會真的改善。」

另外有一個人的感想，我也很感興趣。大家都只注意到寫很多、很嗆的學生，卻沒有注意到寫很少還有空白的孩子，當我問起原因時，他的回應是：「有一部分是因為我剛好可以少寫，還有一部分是因為我不想寫。」

我問：「難道老師真的沒有缺點嗎？」

他說：「有，但是沒有干擾到我。」

他沒有被老師卡住，他也是在講真話，而且他的情緒更自主，不被人主宰。

一個大膽的嘗試，讓這次「跳tone」的教學，被編入七年級公民課本「友善校園」單元中，良性的師生溝通案例。我除了希望這樣的教學不要造成其他老師的壓力，更期盼真的可以藉此讓老師減輕「完美形象」的壓力。

這一節，老師教你打電動

從虛擬回到現實的平衡

電動不是電子鴉片嗎？常常打不是會上癮、傷害視力、妨礙學業、影響健康嗎？我難道瘋了嗎？要教學生打電動？對！我就是教他們打電動。

為什麼會有電玩？電玩到底是福是禍？這一直是一個有爭議的話題。然而我認為凡事都有意義，包含電玩，而且它的魅力使人無法抵擋，難以自拔。所以我要教孩子們「打電動」，但不是教技術的提升，而是教他們：如何在打電動時，還能多一點「清醒力」。

我曾經請孩子們寫下生活中誘惑他們的東西，大部分的人都是寫3C產品。其實我覺得打電動不是什麼壞事，只要能適時、適量，就能達到平衡學業壓力的效果。但這是理想的狀態，通常小孩多會無法自制而太過沉迷，結果是被罵，甚至是被打，也傷害了視力，所以如何在這中間求一個「平衡」很重要。覺察的方法可以帶來幫助。

藉由打電動，我教孩子們學習面對誘惑時，仍能保持「清醒力」。

第一步：在家練習抗拒誘惑

我請孩子在家裡先試做：在打電動前，先覺察兩分鐘。開始打的時候，注意手指按鍵的觸覺感受，仔細聆聽聲音，順便感受一下呼吸——也就是心在被螢幕拉進去的同時，多了一點來自身體的覺知，試試這樣會不會容易抽離，然後請大家寫下心得。

第一次，超過一半的學生反應沒有用，照樣無法抽離，甚至玩得更享受。不過有少數幾位說自己比較不那麼沉迷，而且可以中斷，時間到了能自動收手，我猜這和他們做覺察應該有一點關係。

隔天，我讓他們回家再做一次練習。這回產生了大約一半的效果：一半的學生仍然覺得沒有什麼改變，但是也有一半的學生覺得自己比較能收斂。看來，能夠自制的人數變多了。

我宣布：「明天請大家帶電玩過來，我們要上『電玩課』！」

大家七嘴八舌地開始問：「那可以帶平板嗎？」「筆電呢？手機呢？」

我回答：「可以，只要能打電玩的都可以。」

孩子們大聲歡呼：「耶！老師萬歲！」

第二步：面對誘惑的覺察體驗

隔天，各種各樣、五花八門的電玩產品都來了。

「老師，這樣其他班的同學會想轉來我們班。」

「從小到大從來沒有在正課時打電動，太過癮了！」

每個人都很興奮，全班帶電動到學校打，這可是破天荒的事。

我開始帶著大家進行「面對誘惑的覺察體驗」。

首先，讓孩子做覺察靜心，這時，連平常不認真的小孩也變得特別認真。

靜坐覺察完之後，開放大家開始玩，在過程中不時提醒他們，要保持手指的覺知，並且聽電動的聲音。

二十五分鐘過後，我做了兩個調查：

「覺得很好玩的人請舉手。」

有二十五位舉手。

「現在可以停下來的人請舉手。」

結果有八人可以做到，其他人則欲罷不能。

最後，又過了二十分鐘，調查顯示可以自動停止的人數增加了五位，其餘的人仍然停不了手。

關於自己的變化，有孩子這麼說——

克里斯汀：「感受自己手握著電玩方向桿時的感覺，後來就漸漸覺得不玩也可以。」

凱蒂：「這一次的練習感覺可以停下來，但之前在打的時候就會一直狂玩。」

保持適當的清醒與抽離

學生的學業壓力很大，打電動是一種調劑，如果能適時、適量就兩全其美，一味地反對，說不定以後爆發更不可收拾。

覺察是一種輕鬆哲學，而不是費力地強迫自己遠離誘惑。壓抑將造成大反彈。面對複雜的大環境，這樣的定力也要培養，大人不能把自己對電玩的恐懼投射給小孩，不能只給孩子一個安全的環境，也要訓練他們面對誘惑的能力，畢竟未來他們還是得面對。

打電玩之前的覺察練習，還有打電玩時注意手指觸覺，可以幫助學生在面對刺激強大的誘惑時，保持適當的清醒及抽離的能力，也就是把強烈的欲求調到平常心。

國小學生打電玩的情形非常普遍，也許因為３Ｃ產品取得容易，再加上電玩奇幻又有趣的吸引力：酷炫的聲光效果（教學情境布置），由簡到難的編排（差異化及個別化教學），有學伴（網路上的同隊隊友），以及聲光和點數的獎勵等，電玩根本就是一個教育家嘛！也因此，時下翻轉教育的「科技派」，便主張善用網路讓學生沉醉於學習，讓電玩變成另一種正面的力量。

「平衡」是最高指導原則

一些很「正面」的觀點都強調電玩對小孩的殺傷力，舉了許多極端的例子醜化電玩，父母親因而嚴格限制小孩接觸，最後，電玩變成了親子衝突的引爆點。

但是我的想法剛好相反，我建議家長和小朋友聊一聊電玩的事，甚至一起比賽，善用電玩，成為增進親子感情的一項有利工具。

台灣的孩子是「過勞」的，我們給了小孩那麼多的學業壓力，也該給他們選擇放鬆的方法，包括

中華民國102年11月9日／星期六 ▌新聞投訴專線：02-23064553、02-23087111轉5550 ▌傳真：02-23085924 ▌E-mail：news.ct@chinatimes.com.tw
http://www.chinatimes.com
社會綜合 A10 中國時報

這堂課打電動 師另類教覺察

石文南／台北報導

「這堂課我們來打電動，教覺察。」校園內原本不允許孩子打電動，台北市石牌國小教師張世傑卻來一堂「打電動，自我覺察」課，透過對手指觸覺、聽電動的殺殺聲及自己呼吸聲，藉此訓練孩子打電動要自我覺察、不沉迷。

學生沉迷什麼呢？經調查孩子喜歡打電動。往日校園控管極嚴的平板電腦（9台）、手機（4支）、筆電（3台）及數百張的遊戲王卡、UNO卡等都出現在石牌國小511班，導師張世傑來一堂「教學生打電動」。

依時停機 自覺神奇

張世傑設計要求全班25名學生打20分鐘電動，注意手指觸覺、聽電動殺殺聲及自己的呼吸聲，透過自我覺察，打電動不超過設定的20分鐘，達到控管的目標。

經測試，有8人在限定時間未到即停止打電動，5人在20分鐘時間到停止，有12人超時才停止。

能在限時內停止的邊郁文表示很有趣，第一次有老師讓學生把電動帶來學校。透過覺察、有了警惕，產生自制力，以前他玩電動都停不下來，這次不一樣了。

學生陳昀謙說，有平板電腦後，每次寫作業時都會玩平板。老師教自我覺察後再打電動，發現之前玩平板都停不下來，這次玩，竟然自己停下來，真神奇。

葉致彤玩iPad在20分鐘的時限內還是停不下來，她說，這次沒能在時間內停下來，下次，「我要對抗誘惑」！她會覺察。玩遊戲王卡的丁仕丞表示，老師讓大家玩最誘惑的玩具，很棒，但也學了覺察，有很大的進步空間。

對抗誘惑 還需努力

張世傑表示，孩子自制力不足，教育中很少教學生有效「面對誘惑」，在宋明理學中「內發心靈沉潛培養」，就是透過各類的覺察讓面對刺激強大的誘惑時，保持適當的清醒及抽離的能力；覺察力要長期培養。

鮮體驗 石牌國小教師張世傑運用課堂讓學生玩電動，透過時間的控管、自我的覺察，整堂課就是覺察面對誘惑的體驗課。（石牌國小提供）

猴硐風光

池雅蓉／新北報導

新北市猴硐貓村近日獲美國CNN選為「世界六大賞貓景點」之一，新北市觀旅局為對這群長住在猴硐的「居民」更友善，除設置全球唯一人貓共用的「貓橋」外，也將原本鐵皮製的冷冰冰崗哨亭改成木質，讓貓咪有遮風蔽雨的地方。

CNN在報導中指出，猴硐曾是台灣重要的煤礦產地，9…年代因煤礦停產而沒落，讓這裡慢慢變成貓咪聚集地。從台北坐火車到猴硐僅需1小時車程，相當便利，也讓許多…

上課教學生打電動的另類教學法，引起媒體和社會大眾熱烈討論。

「電玩」這個選項。

的確，過度「放逸」打電玩，一定會造成身心、學業的荒廢。但是，完全「壓抑」小孩、不讓他們碰電玩，會不會有一天等他們脫離大人的掌控後，把小時候沒玩的全部玩回來？

與其如此，不如當孩子提出要求時，教他們如何適量地打電動。透過對手指碰觸螢幕或按鍵的覺察力，將讓孩子的心適當地保持在現實世界，不致跌入虛擬世界不能自拔。

就我教「覺察電玩課」的經驗，確實有不少學生透過練習後產生了自制力，可以自動停止。

運用覺察法打電動，不僅能幫助孩子平衡學習壓力，也不致影響健康和學業。光壓抑不是辦法，「平衡」才是有效解決問題的最高指導原則。

全班都是「是長獎」

每個小孩都有一百個優點

每個小孩都找得到一百個優點？這怎麼可能？
每個學生畢業都得「ㄕˋ長獎」？這更離譜！
但是在我的班上，這兩件事全都實現了。
六年級的學生畢業前，班上的每一個同學都獲頒了一座獨特的「是」長獎。
我以這個翻轉的做法，直接衝擊愛比較、學業至上的主流教育思想，讓每個小孩都發現自己的價值，讓每一個小孩都贏。

愛自己，也愛別人

正念覺察教育通常是要我們變得理性一點，別衝動，要冷靜，所以有時會讓人誤解它是比較理智，沒有溫度的。

其實，覺察不只要人理性，也要人感性，也就是能愛自己也愛別人。它的愛不是來自於被灌輸的大愛思想，而是由內而發，發現愛別人和愛自己是同一件事，自然而然地去愛別人，沒有過量負荷，或是行善愛人的「業績壓力」。

有一天，我準備了一百個優點的表格，標題是「每個人都是一百分」，貼在珍珠板上發給每一位同學。

「老師，這是什麼？每個人都是一百分？」學生很好奇地問。

「老師要大家一起來找出每一個人的一百個優點。」

「怎麼可能？一百個優點！」台下有人起鬨，還有些人露出不屑的表情。

「可能的，請同學盡量多觀察別人的優點，多寫一些實際的事情，而不是形容詞，可以自己寫、幫別人寫，或請家長幫你寫，老師也會幫你。記得要寫日期和寫優點的人。」

「為什麼要寫這麼多？」

「因為每個人本來就獨一無二，就像我們班服後面的字『原來我們都好棒棒』。我們一起來做優點大搜查吧！」

說完後，我先讓全班開始寫自己的優點，只見有人振筆疾書，有人玩筆發呆，我則不時提醒某些同學有什麼樣的優點。

寫了半天，每個人平均才擠出四、五點，就寫不下去了，這一百個優點大搜查真的不容易啊！

幫別人寫優點

這段期間，當我發現有學生表現好的時候，就會適時提醒他把那個優點寫下來，偶爾也當作日記的主題，讓大家寫優點。

眼看離畢業的日子愈來愈近，許多孩子看著自己優點板上還有一大片空白，心中有一點著急了。

「老師，我真的想不出來自己有什麼優點。」

我給了幾個提示。「老師在你的聯絡簿裡寫下的優點，可以記上去。還有你的外形、ＢＭＩ（身體質量指數）、視力、科目成績、才藝、好行為、覺察成功的例子……都可以寫！」

見他們依然沒有很大的進展，我決定祭出重賞，宣布前五位完成的同學，老師有神祕禮物相送。

「真的嗎？我拚了！」

有人大受激勵，開始埋頭苦寫，連下課也停不下來。後來有三人在一天之內就寫完一百個優點，也非常開心地領到了禮物。我問他們的感想。

「我不知道我竟然可以寫到一百個優點，不可思議！」哈利說。

「原來我有那麼多優點！我太強了！」威爾很開心地說。

三位同學的達陣，也激勵了其他同學，不久，又有兩人寫完了，甚至還有人寫了兩百個！

我們的優點何止一百個

隨著畢業時間愈來愈接近，同學們的優點也漸漸增加，但是離一百個還很遙遠。有些人覺得根本不可能，所以始終愛寫不寫，於是我在聯絡簿的日記作業中更常出現「寫優點」的主題，並利用綜合課讓孩子們進行優點轟炸。

同時，我也在黑板上記下了寫完的同學，並鼓勵寫完的人幫忙還沒完成的人。最動人的是貞妮幫溫蒂寫了五十幾個優點。貞妮很特別，她說她的優點很少，卻很會欣賞別人的優點，使溫蒂非常感動，自己完成了之後，也主動去幫忙其他同學。

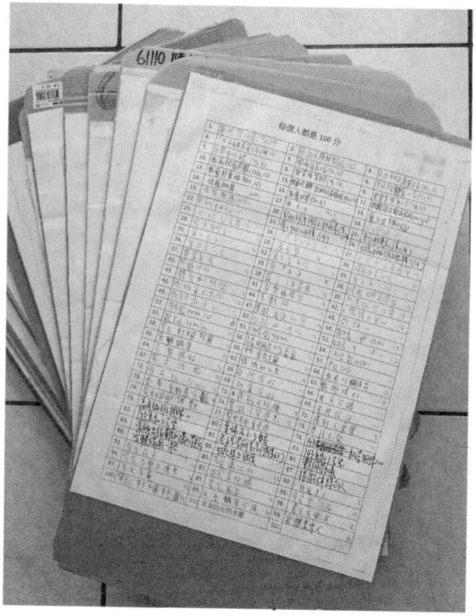

畢業開始倒數計「日」了，同學們之間互寫優點的情形愈來愈頻繁，大家的情緒也愈來愈高亢。當許多孩子拿著滿滿一百個優點的板子興奮地展示時，我非常感動。誰說一百個優點做不到！其實，我們的優點又何止一百個？

一路拚到畢業典禮前，只剩一個同學沒有完成，當大家要幫他寫時，他堅持不要，原來他的板子不見了。我替他再做了一塊優點板，但他還是不要。

在畢業典禮前的一個星期，我私下去訂做了二十九個「是長獎」的獎盃，上面有兩排字：「每個人都是獨一無二，每個人都有光明潛能」，準備在畢業典禮當天拿出這個驚喜，送給全班學生，當然也包括了沒寫優點板的同學。

第一〇一個空格

畢業典禮當天，臨別送行前，我從一號同學開始講優點，一直到最後一號，說出每一個同學讓老師最感動的地方，然後轉身把那一箱「驚喜」抬出來。

我拿出了厚厚的一疊優點板說：「同學們，我們每個人都是一百分。也許我們還有缺點，但是就算沒有這一百個優點，請看第一〇一個空格，上面寫著『光明本質』，代表每一個同學都是很有價值的，請你們要看重自己。」

接著，我拿出了「是長獎」的獎盃。

「因為你們寫完了一百個優點，所以老師要送每一位同學一座『是長獎』的獎盃。這和市長獎不一樣，上面寫著『每個人都是獨一無二，每個人都有光明潛能』。」

「每個人都有一座？太感動了！」音速說。

許多同學都看傻了眼，真的是一個人一座獎盃，他們的眼睛都亮了。

「如果你不想領這個獎，可以還給老師，但老師還是希望你收下。」

「我不相信誰會不想要這個獎盃！」克里斯汀說。

其他人也天真回應：「沒想到會收到這個禮物，好驚喜啊！」「老師每人送一個，會不會很貴？」

東方人比較不把讚美掛嘴上，在學校常常聽到學生都是在數落別人、取笑別人、告狀的多，很少學習去欣賞別人。這個活動寫出了全班二十九人、三千個優點（有人寫了兩百個），是一次很大的翻轉，尤其是珍視每一個人的價值，不用學業、才藝、品格分高下，給予孩子全部的肯定。這也是正念覺察教育的本質：接納、包容每一個人，每一個人的行為都有待修正的地方，但是本質上都是完美的。

「一百個優點」、「全班都是『是長獎』」的做法，就是要孩子既看到外在的優點，也看到本質的亮點，這正是愛自己也愛別人的一種珍貴學習。

不是「一哥」，就是「一姐」

二〇一五年五月份，華山文創園區舉行了一個「不太乖教育節」，我們班也去設攤，說明我的教育理念：「全班都是是長獎」。海報上展出了班上每一個小朋友的相片，但以「××一哥」或「××一姐」來代替他們的名字。

我們有籃球一哥、熱情一哥、定向越野一哥、吉他一哥、辯論一哥、角力一哥、桌球一哥、ＰＱ一哥、公益一哥、游泳一哥……也有籃球一姐、短跑一姐、書法一姐、領導一姐、推理一姐、繪畫一姐、覺察一姐、淡定一姐……每個人都有一個與眾不同的優點。

◆不太乖的基本概念

在「不太乖教育節」的參展資料中，我寫著：

「吾愛吾師，吾更愛真理。封閉的心會給別人貼標籤，貼標籤促成了二元對立，讓這世間有更多的紛爭，當我們用接納的心看待與我們不同想法的人時，這個世界才會開始和平，所以接受不太乖就是創造幸福和平的一個重要開始。我們這個世界會不斷改變，從來都是一些不太乖的人努力得來的，改造世界真的需要一些不太乖的傻子。太不乖，讓別人很累；太乖，讓自己很累；不太乖讓大家幸福不累。」

◆不太乖的教育理念

- 勇敢質疑權威，突破心靈框架。
- 當下就可以改變教育，不用等到教改制度實行後。
- 多用感覺代替思考，找回內在本有的力量。
- 掃教室也要掃心事，讀新書也要讀心書。
- 不聽話的孩子是教師最好的指導教授。
- 心靈的學習不用建立在舊經驗上。

● 成功不是一蹴可幾，但快樂可以不勞而獲。
● 優秀不如平衡，成功也要快樂。
● 教師最珍貴的不是教育熱情，而是適力而為的平常心。
● 教師的最高專業是健康與快樂，不是教師專業發展訓練。
● 我們要做本人，不用做別人；要做好人，不用做完人。
● 成功的老師不是讓學生覺得老師很厲害，而是讓學生發現自己很厲害。
● 一個老師的終極任務，就是要幫學生找到他們的內在老師。

◆ 不太乖的教育做法

● 每天有一節體育課。
● 每週有兩節快樂（幸福）課。
● 小朋友每天做十分鐘內觀覺察的練習。
● 推動老師健康與快樂的研習課程。
● 早一點放學。
● 評分排名減到最少。
● 考試再少一點。
● 每個小孩都有「一哥」或「一姐」的稱謂。

唐三藏與孫悟空

皇帝、忠臣與小人

六年級上學期，當教到國語〈孫悟空三借芭蕉扇〉這一課時，我覺得很開心，因為有心靈教育的內涵可以發揮。除了故事內容，還提到了唐三藏被「外相」所迷惑，正好藉此說明我很想讓孩子們知道的一種理念——不要只看外相。

「在《西遊記》裡，妖怪常常化為弱女子或老人要抓唐僧，但是都被孫悟空識破，把妖怪打成了重傷。然而，『慈悲』為懷的唐三藏卻視孫悟空為殘暴不仁，口頭制止他不成，於是念緊箍咒控制他。只是這個看似仁慈的舉動卻讓妖怪趁機脫逃，後來妖怪把唐三藏抓走，孫悟空又拚死拚活地把師父救回來……」

先做個開場白簡單說明《西遊記》的脈絡之後，我問同學們對唐僧有什麼看法，大家反應很強烈：「唐僧他很無能，只會對付自己的徒弟。」「他是濫好人，假慈悲。」「而且懦弱無能！」

我點點頭說：「很多事情不能只看表面，否則我們很容易把注意力停留在那個表面，而忘了真正的問題。就像吳承恩寫這部《西遊記》的用意是什麼，你們知道嗎？」

全班一陣沉默，接著有人猜測：「要說明孫悟空很強！」「因為他從小就愛看這些神怪故事。」

我搖搖頭。

「如果你只看到孫悟空神通廣大，妖怪千變萬化，那麼又只看到表面。其實，《西遊記》是吳承恩用來諷刺當朝皇帝就像唐三藏一樣昏庸，被陷害的忠臣就是孫悟空，旁邊還有一些小人，像是愛拍馬屁又懶惰的豬八戒。」

「哦！原來……」大家恍然大悟。

看看身邊的人

「凡事不能只看外相，你們只看到某些同學很凶，其實你們不知道，他們可能是沒有信心、不敢面對批評，或是膽子很小、缺乏鼓勵。」

話鋒一轉，我講回他們身上。

「還有，你們看到某些同學很聽話乖巧，但其實他可能是害怕處罰，不敢犯錯怕被罰，不見得很乖，說不定私底下很瘋呢！」

有人在偷笑，大家好像知道我在講誰。

我繼續發揮：「有人常常犯錯，但是你們不知道他其實已經進步很多了。有人很愛笑，但是他的內心常常在哭泣（這是我從孩子的心理畫得知的）。有人很愛哭，說不定他並不是傷心，只是希望別人關心他。有人長得不帥也不美，但是心卻好美。大家以為得到模範生很榮譽，其實得到的人會發現其實也沒什麼，甚至覺得壓力很大。有些老師表面很凶，可是卻是因為責任心重。」

「真的都相反嗎？」學生問。

「也不全然。沒關係，人生會累積一些經驗，但是當你發現一個現象時，不要急著下評斷，保留一點時間和空間觀察，也許你會有所發現。老師希望你們不要只看到一件事的表面，不然就像國語課本裡教的『狐假虎威』的老虎一樣被蒙蔽了。有些人覺得某個同學什麼都學不好，又常常哭，大多數人都看不起他，但是老師不這麼認為，未來有無限的可能，說不定以後他會變成一位成功人士。我們千萬不要小看任何人。」

凡事保持彈性與空間

說到這裡，我問大家：「表面上很開心的人，是不是私下就一定很開心？」

同學們紛紛回應：「不一定！」

「那表現很凶的人，心裡一定很凶嗎？」我又問。有人不禁看著幾個平常很凶的同學。

「看什麼看啦！」果然很凶。

我解釋：「表現很凶的人，不一定心裡是很凶的，說不定他很熱情，或是私底下很悲傷。」

「老師，你好像很懂心理。」同學說。

我搖搖頭。「不是懂心理，而是經驗與覺察，因為人常常不願面對真相，愛面子，偽裝自己。所以老師會發現美麗帥氣的臉龐下，那顆不那麼美的心；平凡的外在下，那個高貴的靈魂。還有，漂亮的蔬果是農藥所賜。外相很會騙人，被表面的事情騙了就會上當。自大的人可能是自卑的，他是以自大來掩飾自己的沒信心。」

「老師，你在諷刺某人哦！」有人說。

「不要對號入座，以免洩了自己的底。有些可惡的人的內在是可憐的，因為從小沒有人愛，於是只學會恨別人的方式。表面良善的人也可能是詐騙集團成員，大家一定要當心。還有，遇到困難時也不要一下子就放棄，不好的事情往往都會帶來好的轉機。這種新發現無法以肉眼看到，而是用『心眼』，也就是要冷靜內觀一下，或許你就有機會穿越外相，看到內在。所以，不要妄下定論，凡事要保持彈性與空間。」

這就是我想要教給學生的「悟空」的教育，一種不能只看外相的教育。

悟空，是要適當地放空

唐三藏面對衝動的孫悟空，讓當老師的我有一個警惕，那些不合我標準的學生，並非就是不好的。我常想：會不會我也有錯？我警惕自己不要成為昏庸的唐僧。

然而，孫悟空也不要自以為神通廣大，一翻十萬八千里，結果仍逃不出如來佛的手掌心，神通也抵不過智慧。

至於如來佛也不能妄自尊大，因為每一個人都有佛性和神性，只是覺醒先後而已，不要過度強調高下。

如果努力積極是聰明，那麼輕鬆適力是智慧；前者是孫悟空，後者是如來佛。

我們不斷在培養PR值九十九、神通廣大的孫悟空，卻忘了「悟空」的真正涵義，是要適當地放空。我們的教育太強調聰明，然而好的教育是要讓聰明與智慧達到平衡。

所謂「智慧」，就是要時時覺察自己目前的生活型態，除了用肉眼看事物，也要學會以心眼透視事物，找出平衡與喜樂的長久之計，而不是盲從社會標準，只看到問題的表相，在表面上打轉，而一再錯失幸福的生活。

突破表相，看見真實

凡事不能只看外相，用覺察可以發覺那藏在表面之後的「真相」，讓我們更真實地面對自己和別人，例如以下這些可能性：

- 凶悍的人，可能是沒自信的人。
- 可惡的人，常常是可憐的人。
- 自大的人，可能是自卑的人。
- 幽默的人，可能是內心幽暗的人。
- 絕望的人，可能是對某件事太渴望的人。

- 有品的人，可能是恐懼為惡的人。
- 溫柔的人，可能是不懂拒絕的濫好人。
- 很乖的人，可能是很狂野的人。
- 上進的人，可能是怕自己太懈怠的人。
- 成熟的人，可能是會掩飾幼稚的人。
- 做公益的人，可能是怕功德太少的人。
- 說好話的人，可能是怕造業的人。
- 做好事的人，可能是怕自己做壞事有惡報的人。
- 存好心的人，可能是心存邪念的人。
- 夢想家可能是騙子。
- 好好先生可能是暴君。
- 和事佬可能是鄉愿。

心的整型

把韓星當心靈教材

班上有女生把韓星的海報帶來學校，放在課桌上，我並沒有阻止，因為在我看來，任何事都有它的意義。

站在大人的角度，哈韓是青少年的次級文化，但是站在孩子的角度，韓星是她們的主流文化。她們收集韓星的卡片、海報。運動會進場時，要寫關於偶像的標語，寫造句作業時，內容也與韓星有關。

每天第二節下課，她們都要跳韓團的舞。幾個不愛運動的小女生因為勤練舞蹈，天天都有規律的運動，還在全校活動中表演過兩次，增加了不少信心。

其實，韓星也可以當作帶孩子學習覺察的教材。利用這個風潮，正好能讓孩子瞭解內在美、肯定自己的概念，還可以出「批評偶像」的思考破框題，只要是與韓星有關的主題，哈韓族的學生都會有興趣，在潛移默化中，學到的心靈成長主題也就增加了。

運用「變動」的韓星風潮，可以幫助學生明白「不動」的內在價值。

破框的討論：批評偶像

有一天，班上一位哈韓族女生跟我聊天，問我：「老師，韓星裡面你最喜歡誰？」

「Jessica。」這是一位公認的美女大明星。

「老師真有眼光！」

聽了學生的稱讚，我反問：「但是你不知道許多韓星都有整型嗎？」

她說：「知道啊！雖然整型過，可是我不管她們的過去，老師不是說要活在當下嗎？」

我故意批評。「你沒看過她們整型前的照片嗎？和現在差好多，簡直是認不出來。」

她聽了有點不高興。「她們是我崇拜的偶像，無可取代的完美偶像，誰敢批評她們，我就和他翻臉！」

「你的心被她們綁住了。」我說。

「我不管啦！綁住就綁住，我寧願被她們綁住。」她回應。

我又問：「那你覺得你差她們很多嗎？」

回答倒是毫不猶豫。「當然！我只是一個小學生，她們是國際明星耶！」

我繼續點破。「可是她們是整成那麼美的，就老師看來，未整型的她們沒有你漂亮，因為你有學過覺察當下、接納自己。她們不接納自己，於是為了出名去開刀，所以你勝！」

但她也繼續捍衛偶像。「可是能整型成那麼漂亮，也不簡單。」

「所以不是她們美，是整型醫生美，醫師把她們的髮型、身材做成很符合大眾的美女標準，所以大家都很愛。我們對美醜的標準已經被標準化了。說真的，你比那些女孩有自然美。」

面對老師的讚美，小女生仍然堅守立場。

「謝謝老師的誇獎，但我還是覺得她們幾近完美。」

肯定自己的討論：心的整型

聊到這裡，我把「整型」的意義轉了個彎。

「所以你贊成整型了？」我問。

「說不定我長大後會改變心意去做整型。」

「很好！其實你現在就可以去整型了。」我順著學生的話說。

她睜大了眼。「什麼？老師！你有沒有搞錯？你叫我現在去整型？」

我微笑著回答：「是啊！不過我叫你去整的不是父母給的這一張臉，而是去整第二張臉。」

她疑惑了。「第二張臉？」

「是啊！整心裡的臉。外面的這張臉，即使去整得漂漂亮亮的，也會心虛，只是符合別人的要求，就像她們整型，讓你很羨慕，而且整型還會有副作用。我教你的整型方法沒有副作用，而且不收費。首先，重新去檢查你的舊臉，看看有哪些地方需要整的。」我說。

她問：「怎麼檢查？」

「靜靜地看自己。」簡單一句話。

她又瞪大了眼睛。「就這樣簡單？」

「是啊！」

「如果發現很討厭自己的地方呢？」她問。

「輕輕地感受一下你的那種討厭，自然就不會那麼討厭了。」我盡量清楚地慢慢說明。

小女生很好奇地問：「不討厭了，那為什麼還要整？」

「不討厭自己了，心就開始美了，因為減少了和別人的比較，心情開朗，肯定自己的價值，不管活到多老都知道自己很棒，這樣當然美啦！」

小女生點點頭。「也對！她們年紀大了就不美了，而且一定會互相嫉妒，比誰是『一姐』。」

我笑著說：「那是一定的！她們就怕自己肉多一點、臉腫一點、腿粗一點、皮膚黑了一點、比旁邊的同伴醜了一點，因為人比人氣死人，不滿和比較就是痛苦的來源。不要看那些明星光鮮亮麗，其實一定是斤斤計較，充滿了焦慮不安。」

內在美的討論：一直美到老

小女生開始認同我的話了。

「好像有一點道理，我現在好像比較好一點了，這種『心的整型』似乎不錯，沒有副作用。」

「說到副作用，她們做小針美容，把液態矽膠注入皮膚內，經過一段時間後，會導致發炎或變形等後遺症。有些人的顏面神經受傷，流鼻涕、流淚無法自知；有些人的鼻子則變成了氣象鼻，只要天氣一有變化，鼻子就馬上有反應。有的手術還必須全身麻醉，有生命危險。」趁機讓愛美的孩子懂得整型的可能後果。

小女生聽了有點害怕。「嚇死人了，好可怕啊！為了美要付出那麼大的代價啊！」

我說：「所以說了，自然就是美，接納自己最快樂。這就是心的整型手術，完全不用錢，也沒有副作用，可以一直美到老。」

「那老師你是不是也不接納她們？她們真的很正。」她問。

「我還是可以欣賞她們的舞姿和風采，就當作是美的欣賞。只是我心中知道有更美的東西可以超越她們，那些東西我們身上都有，她們也有，我們去發現就會找到。」

「老師，年輕時不是要為自己活一次嗎？就算她們做了後悔的事，但是青春無敵！不要沒做才來後悔。」

「也對，年少不輕狂，枉為少年，或許在經歷了人生的大起大落和大風大浪後，會更有智慧。每一件事都有它的意義，有些事必須要親自實踐，才會有收穫，也祝福她們。」這一段話，也是祝福我的學生。

陪伴孩子，家長可以這樣做

雖然學生們平常聽我講了很多她們內在珍貴的價值，但是當看到韓星曼妙性感的舞蹈和別出心裁的造型，我想注意力要不被拉走是很難的，「自己的價值」也可能早已忘得一乾二淨。

不過，這就是青春，這就是童年，至少我陪著孩子們一起討論韓星，幫她們找舞蹈影片，也陪她們跳過一次。

這些陪伴和討論，在學校裡可以進行，在家裡也同樣做得到，在此提供幾個方法給家長參考：

- 不要阻止孩子喜歡偶像，反而可以把明星當教材，臨機應變地教育。
- 如果小孩瘋韓星，可以用明星卡片和海報當作禮物。
- 讓小孩知道年華會老去的事實，用明星年輕和年老時的照片做對照，讓孩子見識美貌的變化。相對於美貌，內在不變的愛心、智慧才是永恆。
- 讓小孩知道整型的優、缺點，並且親子一起來討論到底該不該整型。

請完美主義的學生喝「覺茶」（上）

提高優等生的抗壓性

每一班都有幾個很優秀的學生，這些優秀學生通常有「自動自發」、「要求完美」的特質。別以為他們這麼優秀就沒有問題，他們的問題甚至比非學業優等生還嚴重。如何能發揮他們的完美特質，又能幫助他們達到身心平衡，這正是覺察教育所要做的。

義工一姐貞妮

貞妮是個乖巧的學生，在班上，幫大家倒漱口水的是她、洗水果是她、發簿子是她、當路隊隊長是她、教同學功課是她，做資源回收的也是她，那些大家都不做的事，通常她都可以「承包」下來，有如義工隊隊長。

教到這種好幫手學生，就只有「幸福」兩個字可以形容。

此外，貞妮人緣好，受到男女同學的歡迎，她還是模範生，功課一級棒，書法也是全校寫得最好的，而且跑步飛快、跳舞有型，更是班上女生游泳的第一把交椅。我們班公開表示喜歡她的男生就有好幾個，不敢表達的人還不知道有多少。

面對大家公認的完美學生，我卻看到貞妮更深沉的心裡，那個完美主義、壓力沉重、怕被罵、沒有自信的她。大部分的時間，她的表情是嚴肅的，反映出她為了維持學業高成就、高人氣、高才藝、高人品的辛苦。

我明白貞妮的內心有一個「框框」：愛別人，卻不夠愛自己。

愛別人，卻不夠愛自己

有一次，她照例在洗番茄要給大家吃，我把她叫過來給了一個考題，題目再簡單不過：接受老師請她吃的番茄。

我說：「貞妮，你平常替班上做那麼多事情，老師請你吃番茄。」

「謝謝老師，不用了。」

「你喜歡做很多服務大家的工作？」她點頭。

「老師知道你很愛同學、很愛這個班，但是你有愛自己嗎？」她有一點遲疑。

「你很愛幫助別人，老師很高興能教到你這麼懂事的小孩，但是總覺得你好像做太多事，自己休息的時間變少了。」

「不會，我很喜歡做這些。」她說。

「很好！那你可不可以幫老師一件事？」

她馬上點點頭，問：「好啊！什麼事？」

「幫老師吃這些番茄。」

她搖搖頭。「老師，你吃啦！」

「你不是愛幫助別人？老師要你幫我。」

「哦，好吧！」她勉為其難地收下。

我對她說：「貞妮，老師要你瞭解，有時接受別人的幫助也是一種助人的行為，因為你讓幫助你的人有成就感，這是一種情感的交流，不是只有你單方面地付出，你要適當地接受別人的好意，甚至適當地求助別人，不是很多事都自己一肩承擔，好嗎？」

「好，謝謝老師。」她還是很乖巧地回答。

「老師知道你各方面都很優秀，但是我也發現你好像不太快樂。有什麼煩惱，可以告訴好朋友或老師，當你覺得工作太沉重時，也要學會適當地拒絕。」

她點點頭。她總是很聽話，而且真的太聽話了。

我忍不住再提醒她。「老師的話也不要完全都聽，有時也要有自己的想法。」

為自己說一句話

過了一陣子，有一天，原本負責資源回收的男同學不願意再做這麼繁重的工作，我問大家有誰要接著做，但是全班沒有人回應。這時，大好人貞妮又跳出來了。

其實她做的事已經夠多了，但她還是願意做，帶著幾個好姊妹一起動手。

可是沒多久，她的好友來向我要求：「老師，你不要再叫貞妮做資源回收。」

我說：「我有嗎？是她自願的啊！」

「她的個性就這樣，不懂得拒絕，她跟我說她不想做！」

我決定把她叫來談談。

「貞妮，你真的不想做資源回收？」

她沒有回答，一臉很愧疚的樣子。這對很壓抑的她來說，已經是答案了。

「老師曾經告訴過你，要適當表達自己的想法。如果你不想做，老師是不會勉強你的。你要不要為自己說一句話？」

她很靦腆地開口了。「除了資源回收外……其他的事情，我都可以繼續做。」

「很好！老師好開心你可以為自己說一句話。下一次，老師希望你可以很勇敢地說出你的想法，不要總是為了班上不斷地過度付出，而讓自己不開心。做好事很好，但是要量力而為，才會開心地做下去。」我鼓勵她。

她笑得好開心。

恐懼失敗的完美孩子

貞妮承認自己是一個完美主義者，凡事都想做到最好，希望做什麼像什麼，但是一旦沒有達到就會很受挫，所以她其實很害怕失敗。在她優秀的背後，有一個「恐懼失敗」的動機在推動著。

班際游泳比賽時，因為害怕對手吧，她打算棄權，我和她爸爸一起勸她面對，就算游不好也沒關係，但是她堅持不下水；我請她感受一下心裡的恐懼，但是也沒效。當時的壓力也許實在沉重到使她無法接受吧！

後來，我辦了一個「突破框框」的體驗活動，除了端出孩子們平常不敢吃的東西讓他們嘗試之外，還要他們超越自己的框架，做一件自己平常做不到的事。

結果，只有貞妮決定突破自己的框框，戰勝「恐懼失敗」的心防，上台進行數學高手大對決。

「太棒了，兩大數學高手大對決！」

全班響起如雷的掌聲，男生一面倒替他們的代表丹加油，女生當然挺貞妮。

最後，有「數學一哥」之稱的丹率先獲得三分，贏過了貞妮。

我公布比賽結果：「這次的大對決，由丹獲勝！」

男生大聲歡呼。

「我們也要給貞妮一點掌聲，因為今天就只有她願意突破自己的框框，很不簡單！」

大家也對貞妮報以掌聲，不過可以發現她的表情有一點不自然。

這時，有一個男生小聲說：「你好爛！你好笨！」貞妮再也無法忍受打擊，立刻哭了出來。

我補充說：「老師非常肯定貞妮的勇氣，她是今天破框第一名。但是也要提醒貞妮和其他很優秀的同學，人不可能永遠都贏，你不用那麼完美，有時出糗一下、失敗一下也無妨。而且說真的，我們常常無法管住別人的嘴，就是會有人講話傷害我們，所以我們要學會面對各種批評。貞妮這樣哭一哭也是好的，再給她掌聲鼓勵一下！」

相較於上次在游泳池逃避的她，這一次她算是一位勇者，一個願意面對失敗的優等生。雖然遇到失敗時還是會哭，但是每次她都能用覺察面對，慢慢地，我發現她愈來愈能接受失敗，也肯定她願意面對的心。

貞妮在日記裡寫下了她的成長：「以前有一次我忘了帶回條，老師叫我到教室後面罰站，當時我好想哭，因為我從小到大從沒被老師叫去罰站過。但是覺察一下之後，我發現也還好，自然就不想哭了。」

求完美，也要適時放鬆

貞妮是一個標準的完美主義者，事事求好，只要她帶路隊，班上總會拿到代表優秀的藍單，可是她也因為擔任路隊長，常常被同學罵。有一次她來找我，表示想辭去這份工作，但又怕會害班上開始拿罰單。

「老師，現在同學們罵我，我比較不在意了，但是我覺得男生很吵又很亂。」

我問她：「我看過，有幾個人真的很不聽話。不過奇怪的是，你認為很吵、很亂，那為什麼班上還常常拿藍單？會不會是你的標準和大家不太一樣？」

「不知道。」

「你習慣要很優秀，所以你可能用九十分的標準要求他們，但是拿藍單大概只需七十分，同學已經達到了，所以得到藍單，不過你仍然不滿意。其實你可以降低一下標準，讓自己輕鬆一點，這樣就不會得失心太強了。就算不得藍單，也沒有關係。老師很感謝你那麼願意為班上做事，又做得那麼好！」

我接納並善用貞妮的優勢，也提醒她適當地放鬆，接納失敗，並接納自己的「完美主義」。最後，她重新接受了這個工作，並且一直做到畢業，我以她為榮。

大膽的「靠×」力

貞妮也是一個標準的乖小孩，大部分時間都講好話，被人激怒時，總是用隱忍哭泣的方法面對。

我告訴她：「有時候，你要適當地表達自己的憤怒。對於其他愛罵髒話的同學，我禁止他們講，但是對於你，老師不會反對你用粗話罵那些對你的人，不然以你的個性可能會被人欺負。」

帶了她兩年，快畢業時，我問她：「你現在敢罵髒話嗎？」

「敢啊！」她毫不猶豫地回我。

我很好奇地問：「真的？我不太敢相信！罵誰？」

「罵那些激怒我的人。」

「很好！那罵什麼？」我更好奇了。

「靠×！」

原來也不粗魯嘛！不過這的確是一大躍進，有時候我們真的需要一些大膽的「靠×」力。

對於有著「完美主義」人格特質的孩子，我們要思考的是，如何能讓他們以求完美的心繼續發揮所長，又能在遇到挫折時覺察心情，適當做調整，這才是面對優等生的良好態度。

請完美主義的學生喝「覺茶」（下）

才學兼優的丹尼爾

丹尼爾從小接受了很優質的教育，他擔任過全校小提琴首席，也是桌球校隊的第三高手，他本土語能力好，英文也很棒，成績更是不遑多讓，和貞妮一樣厲害。

這一切優秀的才學能力背後，都是求勝的「完美主義」在推動，所以丹尼爾學習上非常主動、認真。不過，兩年相處下來，丹尼爾的完美主義也因為許多挫折的洗禮、覺察的面對，而有了一些調整。

容易緊張的完美小孩

有一次丹尼爾因為數學沒考好，難掩內心難過，其實他考的成績很好，我想是他對自己的要求太高。起先，他手扶著頭啜泣，但是在經過認真地自我覺察之後，慢慢平靜了下來。

後來他跟我聊起了這件事。

「我媽媽常告訴我要靜心，但是我一直找不到好方法，後來老師教的這些覺察，讓我學會了實際的練習方法，我慢慢體會到覺察帶來的幫助，讓我不會太過受情緒影響。三、四年級時，我在考試時常因為太緊張而失誤，還曾因此掉到五名外，每次都是發下考卷了才氣自己太不小心。」

「現在呢？」我問他。

「現在我用老師教的考前覺察、考試中筆跟紙摩擦的體會，還有考後靜坐一分鐘再檢查，從五年級到六年級，我的數學常常考一百。」

的確，丹尼爾升上高年級之後的穩定度，明顯比以前提升很多，而且以前的他面對失敗時是非常不穩定的。

聽丹尼爾的爸爸說，以前他參加比賽時，因為求勝心切，常常一遇到失分就過度緊張導致失常，也會因為打不好而氣自己，甚至想和對方打架。但是上了五年級以後，整個情況有了轉變。有一場桌球比賽，他連失了兩局，但是他停下來覺察靜心一下，接著竟然連贏三局搶下一點，連他自己也嚇了一跳。

好好經歷挫敗的情緒

知道丹尼爾一心想得市長獎，為了幫他圓夢，我替他報了有特殊才能的「第二類市長獎」，但是最後因為積分不夠，他落選了。算算總成績，得到市長獎的是貞妮。小學的夢想落空，對丹尼爾是個重大的挫敗。

剛開始，還看不出來他的反應，直到後來剩他一人留在教室裡，才見他趴在桌上啜泣。我可以感受到他的難過，但是沒有馬上安慰他，想讓他好好經歷這一切的情緒。後來，我才引導他進行覺察來面對這個結果，他漸漸接受這個打擊，也把眼光看得更遠了。

遇到困難時，感受當下的自己

貞妮和丹尼爾都很優秀又懂事，所以，也許老師和父母一般都會認為他們沒有問題，但是穿透表相，其實可以看到他們內心的壓力。

有許多優秀的學生只注意學業成績，對於情緒調理、抗壓性或完美主義的平衡卻比較不擅長，對於這樣的孩子，我常告訴他們：

「人生充滿了困難，只有能調和情緒的人才會過關，跟你會不會讀書沒有很大的關係。成績像你們一樣好的學生不少，但是，最後誰能真的繼續優秀，發光發熱，成為人生的贏家？就是那些能搞定自己情緒的人。你們不需要老師再強化的是智育的學習，我要當的是你們的心靈教練，教你們學會遇到困難時，深深吸一口氣，感受一下這口氣，感受一下當下的自己，人生從此將會開始不同。一切的轉變一定是從當下這一刻開始，包括有完美主義的人——完美主義者，不要再指責自己的完美主義，只要好好覺察自己的完美主義就好。」

我不教孩子要贏過別人，而是要孩子戰勝自己，因為征服自己永遠比打敗別人困難。人生道路上，真正的敵人永遠是自己，而不是別人。

跳脫心靈框架的實踐總整理

從「井底之蛙」的故事談起

有一隻青蛙住在一口破井裡，有一天，井邊來了一隻大海龜。

青蛙說：「海龜，你看我住在這裡多舒服啊！高興時在井邊跳一跳，累了在旁邊睡一下，或把頭露出來泡在水裡，餓了就吃隻飛蟲。誰也比不上我那麼悠閒和自在，你要不要下來玩一玩啊？」

海龜聽了青蛙的話，本想進到井裡看看，但是牠的身體太大了，進不去，於是牠告訴青蛙：「青蛙，你看過海嗎？大海一望無際，何止千里；大海深不可測，何止千丈。陸地上洪水氾濫流到海裡，海水沒有增加多少；陸上大旱災，大海的水也沒有減少多少。整片大海自由自在，任你遨遊，那才快活！」

青蛙不相信。「你在講天方夜譚嗎？這世上沒有這種地方，你少騙我了！」

海龜說：「我在大海住了一百年，怎麼會沒有這個地方呢？你待在這口井裡，只能看到一小圈的天空，我的天空卻是無邊無際，那才是真正的自由。」

走出舒適圈的時候到了

你一定聽過這個「井底之蛙」的故事。突破框架的教學，就是要帶井底之蛙看見無邊無際的大海和天空，讓心靈自由自在，得到解脫。

其實大部分的人，都活在自己的「井底」框架中，以為世界就是自己所待的這個舒適圈。儘管在圈圈裡衣食無缺，卻常常覺得若有所失，心靈空虛，找不到人生的意義，若稍微有一點不順就非常緊張，只要做一點改變就快要崩潰。

活在舒適圈裡，其實只是暫時的「偏安」，非長久之計。很多非預期的事件，很快就會破壞這個舒適圈。

為什麼待在圈圈裡，快樂還會不見？是被外在的一些事件拿走了嗎？也不全然是。真正拿走快樂的是我們內在的一種「慣性執著」。

我們常活在自己習慣的井底看世界，以為世界如自己所見的那樣，這個慣性執著就像一口井，讓青蛙看不到真正的天空和大海，唯有跳離出去，才可能得見真相，航上使心靈自由的偉大航道。

使我們從井底走向大海的轉換器，也是「鬆動慣性」的最佳方法——覺察當下。當你覺察到自己的慣性時，就已經開始鬆動它，突破原本的侷限了。

要突破心靈框架，帶孩子們唱歌是我常用的一種方法，另外還有以下這些體驗活動。

鬆動慣性的活動

◆壓手體驗

1. 讓孩子兩手掌心相對，五指緊緊對壓。
2. 請他把大拇指分開，問問他容不容易做到。
3. 接著依次分開小指、食指、中指，這四指通常是容易分開的，還是要提醒他壓緊手指。
4. 最後，請他試著把無名指分開，問問他容不容易做到（無名指通常是最難的）。
5. 做完之後，告訴他：「我們都有最難突破的地方，就像無名指這樣很難分開。」

雙手合掌，做出無名指難分開狀，接著繼續說：「這就是我們的『執著框框』，比如有人很討厭寫功課、不敢吃苦瓜、很怕別人罵，不敢上台講話（可以自由舉例）……面對這個很難突破的困難，有沒有什麼好方法？怎麼樣能讓無名指鬆開？」

鼓勵孩子猜答案，如果孩子沒有講到重點，你可以直接把手放下，同時繼續說明。

「這樣就放下執著了。就是這麼簡單，不要太理會別人跟你講的『手壓緊』，當下就可以放鬆，只看你要不要。」

◆揹書包體驗

1.請孩子將書包揹在身體前面，讓他揹著書包寫考卷，然後問他：「有什麼感覺？」通常孩子會抱怨為什麼要做這麼無聊的事！這時，不要急著解釋，請他繼續寫考卷。

2.寫完考卷後，再請孩子揹著書包去洗手、打掃、走路……讓他體會很累贅的感覺。在過程中，不斷地問他：「有什麼感覺？」並聽他抱怨。

3.這樣體驗大約二十分鐘，最後請孩子放下書包，問他：「有什麼感覺？」通常這個時候孩子會感到很開心。這時，再跟孩子聊聊他揹著書包時和放下書包後，兩種狀況的比較。

這個書包，就是我們的「執著框框」，讓我們做事情無法有效率。你也可以問孩子，他的「執著框框」是什麼？請他把覺得很難突破的事情寫下來。

◆卡門體驗

1.請孩子橫拿著一根棍子進門，當然，他會卡在門口。

2.叫他用力一點往前，當然，還是不成功。

3.最後，請他把棍子轉個方向，就能順利走進房間了。

4.問問孩子：「有什麼感覺？」

藉此讓孩子明白，當腦子卡住時，讓念頭急轉彎一下，可以讓事情進行得更順利。

◆**鬆動執著框框的體驗**

1. 先請孩子寫下自己所執著的事，並想著以某個東西來代替這件事情，如杯子、鉛筆盒、書包等。
2. 然後，做觀察呼吸的練習三分鐘。
3. 接著把注意力放在這個替代物上，觀察著它，用破框指導語帶領它，最終的目的是要發現「執著是執著，我是我」，我們和執著是不同的，然後再學會放下。

破框指導語的示範，可以這兩組關鍵詞上網搜尋：「全班都零分之覺察練習——自我突破」、「全班都零分之覺察練習——覺察對人事物的迷戀」（皆參見第二六〇頁）。

突破框框的測試

◆**面對不敢吃的食物體驗**

在做完前面的「鬆動執著框框體驗」後，可以來做一個有趣的測試。通常我會用孩子不敢吃的食物來檢測，像是：苦瓜、薑、茄子、泡菜、榴槤、芥末、雞屁股……等。

這個測試是自願的，並不勉強，尤其是容易過敏或體質較弱的孩子，活動輕鬆有趣，通常會有很多有趣的狀況發生。透過這個體驗，讓孩子學會面對恐懼。

◆**面對枯燥的獨處體驗**（覺察指導語：「全班都零分之覺察練習——覺察煩躁」可上網搜尋到，

參見第二六一頁。）

除了睡覺之外，我們很少有一段時間是處於「什麼都不做」的狀態。所以要孩子做「獨處」練習時，通常會有兩個傢伙來干擾：第一個是「躁動魔魔」，因為沒有事情做，於是心浮氣躁、想東想西；第二個是「愛睡魔魔」，可能因為睡眠不足，又沒有外物刺激，於是就睡著了。

但是，如果在旁陪伴著孩子練習獨處，有可能幫助他體會到第三種狀態：「放鬆」或「喜悅」。

首先，必須先確定孩子沒有在做其他的事，如玩筆、寫字、看書等，然後帶領他坐直，找到平衡的姿勢——這點很重要。接著，帶著他做覺察呼吸，或往內觀察自己的身體掃描練習，直接面對這個不主動做事，只有觀察的狀態。常常這樣做，孩子便會慢慢學會面對枯燥。

對於班上的學生，我常建議他們在生活中很多無聊的時刻，做觀察自己的練習，例如：刷牙、洗臉、穿衣服、走路、吃飯、寫字、等車、等紅燈、洗澡，甚至罵人時也都可以練習。

◆破框日記的體驗

我常出的日記主題是「破框紀錄」，並且列了一些相關的破框題目當作參考：

- 常常注意當下發生的事。
- 改變寫作業拖延的習慣。
- 用正向的態度對待家人、同學、朋友。
- 改變對某人的看法。

- 改變一下說髒話、批評別人的習慣。
- 看從來不想看的書、影片（正面的）。
- 聽從來不想聽的音樂。
- 吃不敢吃的菜。
- 吃飯時不玩耍。
- 用新的角度看原本討厭的事。
- 不看電視，不打電動，不上網。
- 覺察吃飯、走路的感覺。
- 做不想做的家事。
- 整理自己的房間，找出遺失物。
- 運動減重一下。
- 用「非慣用手」做事（要考慮安全性）。
- 寫不同字體的字（不是亂寫）。
- 把字寫端正。
- 找出被大家討厭的人的優點。
- 太乖的人，試著哭出來、笑出來或罵出來。
- 不敢哭的人，試著哭出來。
- 告訴一直欺負你的人，你心裡的感受。

- 試著多踩煞車，不要重複犯錯。
- 跟家人或老師說「我愛您」。
- 試著相信自己可以贏，不要一直沒信心。
- 接受自己考試考不好、比賽贏不了。
- 試著突破自己的框框題。
- 考慮加入PQ成長班。
- 主動做覺察練習。
- 試著原諒一個讓你痛恨的人。
- 試著體會一下放空的感覺。
- 其他有創意的方法……

不同形式的學習收穫

◆破框的數學題

Q：畚斗中有垃圾，請移動兩根火柴棒，要維持畚斗的形狀，同時讓垃圾變成在外面。請問要怎麼做？（圖例：）

A：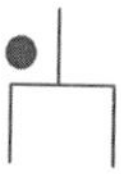

Q：請以四條連續不重複的直線，貫穿九個圈圈。

（圖例：）

A：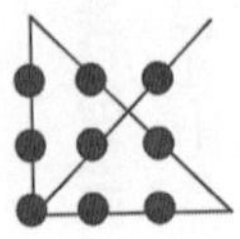

◆破框的電影欣賞

●**《楚門的世界》**：說明一個從小被關在攝影棚裡的小孩，發現事實後逃離的過程。

●**《絕地再生》**：男主角帶領女主角，從複製人工廠逃脫的過程。

●**《天算不如人算》**：一個記者突破自己的框架，脫離命理師命定的故事。

跟孩子一起看完影片後，再跟他一起討論可以如何突破我們自己的框框。

破框是一輩子的事

突破心靈的框框，是一輩子的事，所帶來的好處也將影響久遠。

學會了破框，可以增進健康。大部分的疾病都源自於長期壓抑某種情緒，也許是生氣、憂傷或恐懼，如果能突破原本的慣性，就可以從源頭療癒。

學業成績不好，往往也是因為太執著於討厭某一個科目而不去讀。如果能突破這個執著慣性，會發現那個不好的科目其實並不難進步。

工作效能不佳，也一定有一個不能改變的慣性在主導，也許是習慣了拖延、態度馬虎。

有的人覺得算命總是說得很準，也是因為跟隨著慣性，同樣的個性和做事風格將導致一定的結果，算命當然準。就像習慣熬夜的人身體一定出問題，常常生氣的人一定會傷身，但是如果能常常在當下覺察，就可以跳出慣性，慢慢開始改變命運。人會成功，是靠自己所堅持的某種成功慣性，生病和痛苦，則是出於不能放下某些負面慣性。

跟隨慣性是人的常態，大部分的人終其一生都無法改變，喜歡遵循一定的模式生活。然而，只要你願意跳出這個模式，你的視野將打開，屬於你的人生版本也將開始改變！

五、自我覺察的反省力

我的覺察策略：

1 以有趣、動態的方法教孩子自我覺察，多用適性的方式教覺性。

2 結合獎勵以鼓勵孩子，絕不因為他們不做而處罰。

3 接納孩子的情緒，讓他們明白覺察的精神是寬容和尊重。

4 適當地讓學生有機會抱怨覺察。

搞定心情拿冠軍

比賽前夕的分裂

我們班在體育競賽的表現是一等一的，不僅大隊接力五、六年級時都全勝，升上六年級，還在校際角力比賽中為學校拿到了團體季軍。樂樂棒球也一路過關斬將殺到了總決賽，但是在比賽前一天，卻出了狀況。

有女生來告狀。「老師，男生說他們明天的總決賽要放水！」

「什麼？」我乍聽很錯愕。

「男生說明天輸給十四班也沒關係。」「他們沒有榮譽心，當害群之馬！」「對啊！會打就了不起哦！」小女生你一言我一語地說。

我說：「應該不會吧，他們不可能希望我們班輸吧！我看他們都很認真地打啊！」

「老師，你不信就去問他們！」女生回我。

男生忿忿不平

我把幾個據說「不想打」的男生找來了，問他們：「有女生說，你們明天打算輸給十四班？」其中一個立刻回應：「女生罵我們『不要打就走開』，後來我們說『好啦』！我們走後，她們又叫我們去打，好凶！」

「她們害怕我們會輸給十四班，她們怕會輸。」我說。

「輸了又不會怎樣。」另一個說。

「他們愈講我們，我們就愈不想打！」第三個很生氣地說。

「對啊！」大家齊聲附和。

「然後她們就去告狀。」第四個說。

「那老師問你們，比賽當天會不會盡力打？」我問。

當時有一點忙，我比較沒耐心，想趕快有一個結論，所以就直接問他們這個問題。

「再說！」三人一致回答。

第四個則小聲地說：「會啦！」

聽他們的語氣，知道他們的心受傷了。這時，我覺察了一下，覺得這件事不能草草了結，要能同理他們的想法和感受。

同理比說教的效果更好

我吸了一口氣，開始轉變不一樣的態度，繼續和他們聊。

「老師很想瞭解你們的冤屈，誰能告訴我？」

「好啊，來聊聊！」他們也馬上回答。

先問第一個孩子。「你的冤屈是什麼？她們怎麼講的？」

「我防守時，有時候沒踩到壘包，她們就一直罵我。」他很不高興地說。

「你是說，你是一時不小心沒踩到壘包，就被她們罵？」我說。**（同理孩子。）**

「對嘛！有一個女生還不是漏接？」他說。

「所以被人指責很不舒服？」**（確認孩子的感受。）**

他的態度軟化了些，小聲地說：「對啊！」

這時可以明顯發現，四個孩子的情緒比較緩和了些。這就是同理心的功效，同理比「說教」的效果更好。

「其他人有沒有需要補充的地方？什麼事情讓你求勝的動機降低了？」我問。

「有時候我們輸了，她們會一直罵我們。但是她們輸了，我們罵她們，她們就跟你告狀。」

我說：「所以老師今天才要聽你們講，雙方面都要聽才公平。」

「每次只要我們說不要打，她們就一定會去告狀。」

我說：「雖然她們來告狀，但是老師覺得不太可能，說她們一定有誤解你們。我們是一體的，你們怎麼可能放水呢？」**（替孩子說話。）**

「女生叫我們不可以罵她們，她們卻可以罵我們！」

「所以你們覺得我不公平？」**（同理孩子。）**

「對啊！」大家齊心回答，但氣氛明顯變得更緩和了。

我問：「她們講話的語氣怎麼樣？」

「很衝啊！有時候×××還會打人！」

「又凶又打人，難怪你們不想打，是有原因的。」**（深入同理。）**

「對啊！」大家回答，開始有人輕鬆地笑了。

「老師理解你們的想法，我再跟她們溝通。」

氣氛愈來愈和諧，男生們本來決定，如果女生再罵，他們就真的不打了。我則跟他們說會和女生溝通，為了班上好就奮力一搏吧，不管輸贏！最後，孩子們笑著離開了。

其實只要同理了心情，事情就會容易解決。

正向激勵的功效

我在全班集合時，告訴大家這件事，希望每個人都能多覺察自己生氣的情緒，並提醒大家，不要因為同學表現不好就指責對方，這樣別人會很不舒服。

接著，帶他們做一個「加油」的體驗活動：請同學上台當「受測者」，給他兩桶五公斤的礦泉水，左右手各提一桶。第一次，請他用力上提看自己能做幾下；第二次，則請台下「觀眾」大聲為他鼓勵。好幾個人上台當受測者，結果發現許多人第二次時提起水桶的次數變多了，無論台上或台下的同學都覺得不可思議。

藉著這個親身體驗，我說：「這就是正向激勵的功效，我們要多給別人鼓勵啊！」

我也趁機給全班一個訓練，跟大家強調：「啦啦隊是影響士氣和勝負的關鍵，當同學表現好時，啦啦隊要大聲喊：『×××，你好棒！』當同學失誤時要喊：『沒關係，再加油！』明天大家就強攻猛打，奮力一搏，寧可你揮棒落空，也不要你站著被三振，我們一起拿冠軍，代表學校出去比賽，再出去校外教學一次。」

全班都非常興奮，然後挾著這股氣勢，隔天，我們果然大贏強敵，奪得冠軍！

這次樂樂棒的比賽，雖然遇上了分裂危機，但是最後還是成功了，我想其中有兩個力量的促成：

◆「正向激勵」的力量

讓孩子們互相扶持、團結合作，激發了每個人的潛能而贏得勝利。

◆「接納情緒」的正念覺察

讓每一個人的情緒都被關注到，我從頭到尾沒有講覺察的方法，但是從和學生的交談中，我實踐了覺察並接納彼此的情緒，這是「教覺察於無形」的一種覺察教育法。

「不太乖」，到底多不乖？

真理永遠在我們意想之外

盲人摸到的象是真的象嗎？井底之蛙看到的天空是全部天空嗎？當我們只看到一些片斷時，會以為那就是全部的真相，其實真理永遠在我們意想之外，不執著於過往的知識，才能真正在心靈上成長。

這些道理，與我過去所學的教育理論不同，我的老師們告訴我教育要連結「舊經驗」，新的學習要奠基在舊基礎上，這是所有修過教育學分者的金科玉律。但是，我並不全然認同。或許知識技能要有舊經驗來帶，但是關於本有的一些潛能和智慧，舊經驗反而會干擾我們去發現。

人類文明的演進，常常都來自於「反叛」和「突破」，而這些創新的想法，在當時往往是「大逆不道」或「荒誕不經」。傳統帶給我們安全的保護，卻也常常成為心靈的桎梏。

我們最熟悉、最習慣的想法，往往也就是我們的限制。所以，有勇氣去質疑權威和傳統是我的另一個教育理念，這與一個人心靈的解脫有關。我也常常利用機會帶領孩子們體驗這一點，心靈教育應該往下扎根。

果真如此嗎？

五年級下學期，國語上到〈果真如此嗎？〉這一課，讓我非常開心，因為剛好可以好好帶著孩子們思考這個「質疑權威」的主題。

書上提到傳統和權威人士講的一些道理不一定是對的，要尊重實際的體會與感受，適當地懷疑，並以親身體驗或科學方法去驗證。不要因為傳統都這麼認為、權威人士都這麼說，就完全地信以為真。

有很多大家習以為常的事，其實是有問題的，我們不能照單全收，我請孩子們去大膽懷疑並求證老師和家長的話，並出了一個作文題目：〈質疑權威求真理〉，請每個人發表想法。

安迪：「有人說晚上一直指月亮，耳朵會被割掉，我今天指了八個小時，結果耳朵還在。」

依森：「人家說農曆七月去游泳會被水鬼抓走，但我是游泳隊的，不管哪一個月都在游泳，包括七月，我現在還是好好的，我相信只要遵守規則就會沒事。」

雪莉：「我收到一封信，裡面說如果不把信傳出去，五十天內家人就會死掉，我很害怕，但是過了五十天，我沒有傳，家人也沒事。」

小丁：「『萬般皆下品，唯有讀書高』是古代的想法，但是，一定要讀書才會出人頭地嗎？王永慶呢？」（我繼續延伸：郭台銘呢？周杰倫呢？賈伯斯呢？比爾蓋茲呢？）這些想法和做法，其實也是讓學生有獨立思考的一種訓練。雖然要「大膽假設」，但也要「小心求證」，不然就沒有說服力，反而流於「為反對而反對」的迷思。

從「楚門的世界」看心靈自由

另外，我也給學生看了一部關於質疑權威、獲得心靈自由的電影《楚門的世界》。這部電影是描述一個叫「楚門」的小孩，從小被一名電視節目的導演收養，導演把他放在一個超大攝影棚裡，隨時隨地都有攝影機拍攝他的一言一行，在電視上播放，最後愛人不忍心，告訴了楚門真相，經過求證之後，他終於明白了一切，走出了這個虛假的世界。

學習「防詐騙」的自我保護能力

質疑權威也是保護自己的一種「防詐騙」能力。怎麼說呢？我告訴同學們，在我們身邊就有兩個例子可以說明，如果盡信人而不去思考任何反面的可能，很容易會受人操弄。

第一個是我的親戚，他被詐騙集團精密的陷阱、權威的要求要得團團轉，完全不疑有他。就在準備從提款機匯出錢的那一刻，被警察發現了，趕快通知家屬。兒子趕來要阻止父親匯錢，還被大罵一頓！後來他才發現原來是個騙局，能保住退休金是幸運。

另一個例子是一位學生的家長，他就沒有那麼幸運了。詐騙集團謊稱是司法官要保護他免於受騙上當，說他的帳戶有問題，要經過一些手續才能把錢「救」回來。就因為「司法官」這個權威的頭銜，讓他唯命是從，最後匯出了八十萬……

擁有改造命運的態度

講到這裡，我問全班一個很有挑戰性的問題：「如果算命的說你三十歲會有一個大災難，沒有小孩，到了五十六歲會得重病死掉！你會怎麼回應？」

大家的想法都不太一樣：「想辦法改運。」「就接納吧！」「我不相信，再找人算算。」

這個提問的靈感，其實來自於一個「袁了凡」改造命運的真實故事。

明朝作家袁了凡請一位神算替他算命，神算掐指一算說：「縣考你會考第十四名，府考你會考第七十一名，省考你會考第九名。」結果真的神準，一名都不差！於是，袁了凡乾脆請他算算終身運勢，結果算出他將考不上進士，某年會當縣長，但是當了三年半的縣長就辭職返鄉，五十三歲的八月十四日丑時會「壽終正寢，而且命中無子」。

由於之前算得太準了，原本袁了凡相信了這個說法，以為萬般皆是命，半點不由人。但是後來受一位高人的指點，他因而領悟「命運可以自己改造」的道理，透過行善，慢慢跳脫命盤，做了很多好事。於是，以前所算的考試名次開始不準了，後來他不僅考上了進士、生了一個兒子，還活到七十四歲，足足延壽了二十一年。

問孩子們這個關於算命的問題，其實並沒有什麼標準答案、正確答案，而是希望藉此鼓勵大家，要效法故事主角「改造命運」的態度。

為自己的生命做主

這個質疑權威和傳統的教育主題，也同時提醒了我們更要注意所謂的「乖乖牌」。會吵鬧的孩子有糖吃，大人通常都會把注意力放在不乖的孩子身上，卻忽略了其實乖乖牌也有很大的問題。這些乖孩子，通常都委曲求全、逆來順受，美其名很有耐心又顧全大局，但是由於不願意突破權威和傳統的框架，在人生旅途中往往受到巨大的傷害，有人受騙上當、自責而成精神疾病，甚至自殺。

其實，乖小孩更需要有勇氣去面對突破，敢破框、敢質疑權威，就是他們能活得幸福的護身符。覺察教育是幫孩子們找到「內在的老師」，教他們對自己的生命做主，不需要別人說什麼都照單全收。

我們習慣於從小塑造我們的思想、傳統，我們心中充滿了古聖先賢、父母師長、宗教大師、心靈導師、專業人士、偉人英雄、時尚教主，甚至黑道老大的威權，他們說什麼，我們就做什麼，他們餵什麼，我們就吃什麼……你是否曾質疑過：我們到底是被污染？還是被教導？

所謂「於不疑處有疑，方是進矣，學貴心悟，守舊無功」，如果不敢加以驗證這些疑惑，我們或許可以偏安、繼續受保護，但那是因為「恐懼權威」和「害怕改變」。我們以為一旦質疑了權威，可能會沒有人可以保護自己，所以還是安安心心在一個籠子裡生活，裡面有吃、有住、有安全感，很舒服。處於安全狀態，卻常常會覺得心靈被綁架，感到不自由。沒有科學的精神、親身驗證真理的勇氣，就像活在專制體制下不自由一樣，時時被評價與控制考核，不同的是，專制體制用的是槍桿，而民主體制用傳統權威。人類的文明由專制走向民主自由，心靈自由則是第二波的自由革命，由民主自由走向心靈自由，不同於集權到民主，到達心靈自由不需要流血的革命。

身體可處於傳統權威下，但是心靈是可以自由的。人生的實驗要自己做，人生的劇本可以自己寫，父母、師長、權威、專家的話可參考，但是要大膽假設和實驗，才會得到自己的實驗成果。真理要原創，親身實驗，寫下實驗過程和結果，這樣人生就會真正的開骨。真正的真理並非存在於已經成形的文字中，包括我的文字；真正的真理，是在恆動鮮活的「當下」。

我聽過一段話，覺得非常有道理：

不可因為口耳相傳就信以為真。
不可因為奉行傳統就信以為真。
不可因為流傳廣遠就信以為真。
不可因為引經據典就信以為真。
不可因為合乎自己的觀點就信以為真。
不可因為根據哲理就信以為真。
不可因為引證常識就信以為真。

不可因為符合先入為主的觀念就信以為真。
不可因為說者的威信就信以為真。
不可因為他是導師就信以為真。

「相信自己，不盲信權威」——這就是走出集體制約思想，勇於懷疑傳統的意思，因為真理是不怕懷疑的，怕被懷疑的就不是真理。

經過懷疑之後，我們所相信的一切才會更長久。

愛孩子比教覺察重要

當我看見自己的盲點

有一次，我問班上學生去安親班的事，蒂芬妮講了一段話令我非常汗顏。

「安親班先讓我們考試，不可以寫作業，考完試又要訂正，五點或五點半之後才開始寫功課。老師，您不是不讓我們在學校寫功課嗎？其他班的同學都可以在學校寫功課的，我的動作當然會比較慢啊！安親班老師就會催我的功課，好煩！做完功課之後，還要寫國語、數學、社會、自然的評量兩回，每次都要到很晚才回家。」

「幾點？」我問

「不是七點，就是八點多。」她回答。

聽她苦笑著說完這一段話，我的心頭好沉重，非常於心不忍，同時也開始省思自己的做法。為什麼我不讓孩子們在學校寫功課呢？我不是在班親會上告訴家長們，「給小孩愛和覺察是最重要的」，但我卻沒有做到！

當天，我做了一個決定。

「同學們，老師要宣布一件大事。」

「什麼大事？」大家都很好奇。

「從今天開始，你們可以在學校寫功課了。」

「耶！」

「老師萬歲！」

全班都尖叫歡呼。

我想每一個老師都有盲點，唯有能常常自省，才能做到自我的專業成長。可以在學校裡寫功課是好多老師早已默許的事，我自詡為很愛學生的老師，卻直到現在才省悟，說來有些汗顏。

關於愛與覺察的自省

帶孩子進行自我覺察有四年多了，過程中，讓不少孩子學到了安頓自己的方法，學到了帶得走的能力，可以幫他們一輩子。

但是，我也一直有一種窒礙難行的感覺，因為覺察這個主題不是那麼的花俏有趣，一定會有反彈和抱怨的聲浪。

認清教育的核心

正值青春期的六年級學生，常常會掌握一些男女感情的小道消息，我甚至還讓他們針對「小學生可不可以談戀愛？」進行了一場辯論，那場辯論不僅熱烈非常，笑聲不斷，而且還真的學到了情感教育。

有一次，學生們跟我爆料班上有兩個男女同學互相喜歡的消息，這可是班上的大事，有些老師可能會嚴格禁止，但我卻有不同的想法，我把女生叫過來聊聊。

「你真的喜歡他？」

聽了我的問題，小女孩露出了靦腆的笑容，點點頭。

「爸媽知道這件事嗎？」

「被我媽知道，我一定會被打死！」她很害怕地說。

「老師是支持你們的，但是在班上要低調一點，保留你們也可以被別人喜歡的空間。」

只見孩子難掩喜悅之情，後來在一樣作業中，她還附加了幾句話給我：老師，我愛您！

身為一位學心輔的老師，因為體會了正念覺察的智慧，所以我一直洗腦灌輸學生自我覺察的工夫，但久而久之卻也變成另一種「教條」，不同在於大體制灌輸的是「學業」，我灌輸的是「覺察」。

明明是教覺察，有時我卻忘了孩子的感覺和苦難。我常常說要學生健康、快樂、幸福地受教育，當他們有苦惱時，就教他們運用「覺察」來超越，但其實我無視他們的厭煩和苦惱。

沒錯，覺察確實可以超越煩惱，但是他們的苦也需要被同理。我忽略了這一點。看完李崇建老師的書《心教》和《麥田裡的老師》後，我非常激動，我發現了自己的盲點。原來，我一直教學生以覺察來壓抑情緒！

同時，我也注意到一個問題：也許是覺察教育太理性了，少了一些感性的關愛吧！太理性的覺察教育，常常讓孩子感受不到愛的溫度。現代學前教育的鼻祖福祿貝爾說：「教育之道無他，唯愛與榜樣而已。」而我要說：「教育之道無他，唯愛與覺察。」

聆聽孩子的心聲

克里絲汀是個很聰明的孩子，但她是「不愛做覺察」一族，上課時，常常講一些很厭煩覺察的話，讓我感到不太舒服。直到她畢業後，我讀了李崇建老師的書，心結才豁然打開！我忍不住內心的愧疚，傳訊息給她。

「克里絲汀，你曾經說過跟老師抱怨一些事，老師卻只會叫你做覺察，相信你當時一定很失望。老師雖然太忙，但是一直把你的話放心上，你知道老師是愛你的，沒有做覺察也沒關係，開心最重要。如果你還想談，可以談談。

「老師也有體認到自己太愛講覺察，其實應該多聽聽你的感受，對不對？很抱歉沒有在畢業前好好愛你。

「你一直是老師非常欣賞的學生，穩健、有信心，也為班上立下不少功勞。希望你生活一切如意，有需要老師幫忙的地方，老師會好好聆聽你的心聲，不會再強迫你做覺察。加油了，克里絲汀！」

和她講完這些話，我心中有一股暖流，不知道她的心裡是不是也有這樣的感覺？

不要吝惜說愛

有一天我等著過馬路時，看到遠遠走來一個熟悉的身影，是現在讀九年級的班上「大文豪」羽茉。她正拿著手機在講話，跟我點了一下頭後繼續講。

在旁邊聽著那對話，我有點想笑，她和小學時一樣，被老師沒收了課外書，然後應該是在電話裡向媽媽求情吧，但說沒幾句，她又嗆對方為什麼這麼凶。

她講完電話後，我忍不住問：「最近好嗎？」

「還好。可是我現在的老師很機車！」

「比我還機車嗎？」我故意說。

「老師，你好太多了！小學時對我那麼好，不像國中老師。」

「記得你那時候常常上課偷看書，還常常嗆我！」我說。

她聽了大笑，我也笑了。

臨別時，我簡短地說了一句：「老師愛你哦！」

這下子她笑得更大聲。

不知道這一句「我愛你」，她上一次是何時聽到的？

十八年後再相聚

許多年前，我在萬芳國小帶過一班中年級的孩子，現在這些學生已經三十五歲了。當他們透過網路找到我時，有些學生尖叫，有些學生竟然哭了出來，好像是找到失散多年的親人，雖然我只是在小學中年級時教過他們而已。

那時我還不懂覺察，只是每天沉浸在教學的創意和愛學生的生活中。我使盡渾身解數讓教學變得好玩，例如：數學忍者故事、生字圖解、熱血大隊接力、啦啦隊歡呼語、即席故事接龍等。他們則曾想把我和音樂老師送作堆，甚至騙我同學掉下樓了，結果是要給我一個生日的驚喜……一連串美好的回憶就在那兩年，那是孩子們永遠美好的童年回憶。

如今這群學生之中，好多人都已有小孩，但每個人講起那段快樂的童年都興高采烈。同學會時，每個人都以當年我常用的生字圖畫做了一張卡片，要我猜那是什麼字，最後所有人排成一列，呈現出一行字：「張世傑老師，我愛您」，當下，我有說不出的感動。

另一次的同學會，他們做了字謎填空，最後排出的字是：「一日為師，終身為師」和「老師，父親節快樂」。

能教到這樣的學生，當老師真的很值得了。

誇獎孩子、肯定孩子、同理孩子

愛，真的要及時說出口。一個得到足夠愛的小孩，人格才會健全，身體才會健康，情緒才會平衡，也才有更多覺察自我的可能。

師生之間也像親子一樣，不是只有作業、考試、規矩，還有那永遠無法抹滅的師生情，所以在此我也要大聲說：「老師愛你！」

誇獎孩子、肯定孩子、同理孩子，讓小孩知道你愛他吧！

老師也是人，不要怕求救

幫小孩、幫家長，也要幫老師

我們說：「一日為師，終身為父。」我們還說：「師者，所以傳道、授業、解惑也。」一般對老師的期望就是人間典範，所以用「至聖先師」孔子來當我們的標章。然而，老師也是人啊！不要忘了連孔子也不是完美的，但是，他傳下了很重要的教育理念——有教無類、因材施教，還有不恥下問。沒有人是崇高神聖的，也沒有人是永遠堅強的，不要給老師太大的壓力，以為做老師的什麼都行，什麼錯都不會犯。

二〇一一年，台北市教師會委託台灣教育研究中心，以董氏基金會的「台灣人憂鬱症量表」調查了台北市教師的憂鬱傾向，結果發現有百分之四十八的老師壓力負荷到達臨界點，百分之三十六應尋求諮商和診療。我覺得台灣教育最大的問題就是老師不健康又不快樂，這也是我會推廣正念覺察的本懷，因為它不僅可以幫小孩、幫家長，也可以幫老師。

代理教師的甄選敗北

以代理教師的身分帶完第一屆覺察班級後，我以為自己帶得很好，又上新聞又得獎，為校爭光，所以繼續留在學校教書應該沒有問題。沒想到，竟意外在代理教師的甄選中敗北，而且落到備取第八的難看名次！

我想，可能是自己的試教風格不符合教評委員的要求，而且我帶的那一班太調皮、惹太多麻煩了。剛開始我覺得很委屈，心想：我是在開創台灣教育的新方向啊！為什麼大家不能理解我？做了那麼多的付出，卻遭到這樣的對待，那是不是乖乖照體制的做法帶就好，什麼理想都不用去做了？

當時，我的心情很不平衡。

面對這個重大挫折，我觀察到自己內心有很多委屈，也不打算故作堅強，於是把自己續任失敗的心情在網路上分享，結果，有好多網友替我介紹考代課老師的管道，還有人要替我介紹工作，並且有很多人留言為我打氣；在學校裡，也有老師支持著我。

後來很幸運地，我以最後一名備取資格繼續待在原校，心中真是既感慨又感恩。

向朋友求救

又有一次，我遇到了一些私人的難題，原本心想自己身為一名身心靈老師，一直都在幫別人排憂解難，如果向人傾訴也太遜了吧！但是後來，我還是把困擾告訴了相熟的同事，沒想到竟得到很大的安慰，那種感覺有如久旱逢甘霖般舒暢。

我這才明白，原來一位心靈老師，也需要自己的心靈老師。不要以為自己是老師，就什麼問題都能搞定。適當地示弱，是促進人際關係的好方法，如果永遠都要那麼堅強，真的會苦了自己。

這樣一想，頓覺心中的壓力減少好多，原來我也可以表現我最真實的樣子，不必故作堅強。討愛並不丟臉，勇敢突破框架，開口討愛，其實你會發現人間充滿了溫情，你永遠是被愛的。除了靠覺察跨越內心的難關，有時，我們也要讓別人有對我們表達愛的機會。

向學生求救

帶第二屆覺察班級時，我的教學創意持續發散，並仍重視教「人」的教育理念。儘管班上的孩子在各方面表現都大放異采，但秩序很差，學生抬著午餐的餐桶留連校園裡、爬牆、上科任課時吵鬧等事件不斷發生。

給了他們一年的時間與空間，到了五年級快結束時，我對全班的孩子動之以情：

「老師帶班注視的是人，但是我們也要尊重學校的規定。你們如果這樣不斷犯錯下去，說不定老師就待不下去了，畢竟我是一年一聘的代理教師。老師讓你們過了一個快樂的童年，但是請你們也給老師一口飯吃吧！」

這個向學生求救的方法真的有達到效果，後來孩子們努力表現，讓我如願帶到六年級。之後，當我要準備下一年度的教師甄試時，有個貼心的學生給了我一封信，令我感動莫名。

親愛的張老師：

謝謝您時常對我們的照顧及包容……在這兩年裡我學了很多成長的方法，不會再被別人欺負，會表達自己的情緒，不再壓抑，讓我學會如何去相信自己，在寫自己一百個優點的活動裡，我發現原來我在大家的心中，是一位很不錯的女孩……我對您有說不完的感謝，我送您的這一枝筆是四色的，另一邊是自動鉛筆，希望您可以當上正式老師，希望您可以用這一枝筆去參加甄選，如果考上的話，我只希望您能一直帶在身上，老師，謝謝您，我愛您！注意身體，別太累了。

又再一輪重要的甄試，帶著她的祝福，我也順利再考上了！

老師的求救，激發了學生的善良面，成就了他們的善心，也成就我的美事。

老師也要適時求助

我一直不想當好老師，最想當的是「真老師」，講真話，說真理，不以高標準要求自己和別人，走入學生的心裡去幫他們。

在人生中，如果你要當一個快樂的「老師」，請別要求自己一定要照顧到每個人、永遠理性正常、事事要求完美、不能犯錯求助。適當的求助，其實也是一種善待別人的方式，另一種情感交流的管道。

六、正念覺察的實踐力

教覺察時，我常常是即興演出，沒有完全照原本的課程設計，所以常能充滿創意，自得其樂，而且也常從其他的教學、生活及孩子們喜歡的活動中，發現覺察教育的點子。

自我覺察，是無處不能教，無物不能教。

以下是我多年累積所創發的覺察教育點子。

情緒的急救覺察

快速平靜的自我覺察法

當我們突然遇到重大打擊，或是身處危急、身心瀕臨崩潰時，有一種可以快速讓自己平穩下來的覺察方法，就是不斷地問自己：「我怎麼了？」「我怎麼了？」覺察自己的感覺，不斷地對自己發問和覺察，直到自己冷靜下來為止。

覺察基本功練習

●**觀察呼吸：**這是最容易也最常用的。初學者可以將一隻手放在鼻腔前感受氣流，另一隻手放在胸口或腹部感受起伏。或是拉長呼吸幾分鐘，感受這個長呼吸，再慢慢地回復正常呼吸，如果注意力跑掉了，把它輕輕地拉回來即可。另一種方法是體會呼吸的可貴，如閉氣完再呼吸，讓人體會到呼吸是多麼舒服。

●**觀察身體**：身體掃描，從頭到尾去感受自己身體的每一個部位，可以用掃描指導語帶領。

這兩項練習的掃描指導語，可用兩組關鍵詞上網搜尋：「全班都零分之覺察練習——觀察呼吸」（參見第二六〇頁）、「正念減壓之身體掃描練習Body Scan」。

●**觀察念頭**：

1. **最常用的比喻是「貓捉老鼠」**，把老鼠當作是念頭，而貓當作是覺察力。先看一段貓捉老鼠的影片，然後開始自我練習，這中間要提醒孩子「記得覺察」，拉回他們的注意力。自我練習的示範，可以這組關鍵詞上網搜尋：「全班都零分之覺察練習——觀察念頭」（參見第二六〇頁）。
2. **第二個比喻是「看電影」**，先讓學生看一段電影，然後將電影當作是我們升起的念頭和情緒，把觀影者當作是覺察，同樣地，在練習過程中要提醒孩子記得「看電影」。

強化專注力的練習

●**鬧鐘提醒覺察呼吸**：用手機鬧鐘設定一段時間，提醒自己覺察呼吸或當下正在做的事。

●**用電玩訓練專注力**：上網搜尋「蓋摩天大樓遊戲」，這個遊戲可以訓練小孩的專注力，親子共玩或當作獎勵，都是不錯的策略。

●**呼喚自己的名字**：先喊自己的名字，然後問自己：「現在是呼或吸？」一直不斷地這麼自問（覺察指導語：「全班都零分之覺察練習——專注練習呼喚自己」可上網搜尋到，參見第二六〇頁）。

●**聽有節奏的聲音**：如節奏器、時鐘，注意力跟著它走。如果注意力跑掉了，再讓自己回到聲音的節奏中（覺察指導語：「全班都零分之覺察練習——專注練習聆聽節奏」可上網搜尋到，參見第二六〇頁）。

●**不動如山（參見第一〇六頁「三分鐘雕像」）**：對孩子點一下「魔法棒」，說他被做成雕像了，或是他暫時被冰凍了起來，所以不動也不能動。等時間到的時候才能解除。

●**干擾下的專注**：先請受測者選一首他會唱的歌練唱一遍，然後讓他戴上耳機聽很搖滾的歌，再請他在那個干擾之下，唱出原來的歌曲，沒唱錯歌詞、節奏和旋律就過關了。也可以把唱歌換成背一首詩。

●**答非所問**：兩人交談，輪流地你一句我一句說話。可以問對方問題，但是對方不可以回答和那個問題相關的內容，如果自己的談話內容和對方所問的相關就失敗了。

●**面對批評的報告**：先針對一個問題請大家分組討論，發表看法，接著請各組的自願者上台做報告。進行報告時，台下的人扮演反對者，不能發出聲音，但要不斷地做出搖頭、倒豎大拇指或不屑的動作和表情。面對這樣的無聲批評，報告者要帶著覺察，繼續講下去。

●**覺察壓手實驗**：請三個受試者出場，背對觀眾站著，把右手抬向右側並平舉，主持人先示範盡量用力地壓下他們的手（可以藉由不同施力點，盡量把手全壓下）。然後跟觀眾約定，主持人在受測者的背後以大拇指比「讚」時，觀眾要以靜態的方式鼓勵受測者，如：也以大拇指比「讚」、微笑、動作熱情等；如果把大拇指朝下，大家則靜態地做搖頭、苦瓜臉或取笑受試者的動作。每這麼做完一次，就壓一次受試者的手，看看觀眾的靜態鼓勵或取笑，會不會對受試者產生影響：被鼓勵時，手變有力；被取笑時，手變沒力。第一輪結束後，請三名受測者覺察自己的變化，再做一輪，看看有什麼不同。

●**覺察節奏記時器**：這是一個聽力覺察的電腦小工具（設計者為王柏翔），可以訓練並測試聽覺的專注力，直接連上網址即可操作：http://www.w67.com.tw/PQMT。

使用方法如下：先選擇速度快慢（從每拍〇．二五秒到每拍二秒不等）與聲音種類（有節拍器、拍擊和吉他等共十種），接著按下「開始」，會聽到聲音和數字同步播放，但數字只會從1到10循環出現。等習慣聲音與數字同步的感覺後，按下「切換」，數字便消失，只聽得見聲音，受測者繼續在心裡默念數字，當測試時間到時，寫下數字，再按「切換」鍵即可對照與螢幕顯示是否一致。

強化放鬆力的練習

●**聽放鬆的冥想音樂**：就只是重複聆聽著曲調平和的音樂，心會自動靜下來。

●**放慢呼吸覺察**：刻意地將呼吸拉長到一個不會很悶的速度，慢慢靜心。

●**慢慢走路**：刻意放慢步伐，感受那種從容不迫的感覺。

●**照鏡子覺察**：專注看著鏡中的自己，提醒自己，將注意力放回自己的身上。

●**生理回饋儀**：有一種腦波燈，會顯出腦波的七種不同型態，以紅、橙、黃、綠、藍、靛、紫的不同顏色呈現，愈靠近紫燈，代表愈放鬆。這是一個非常好的生理回饋儀。另外，還有一套靜心闖關的線上課程，考驗小孩的專注力、放鬆力。以及一些有助靜心的遊戲軟體，透過靜心放鬆，能夠開始疊石頭、搭橋、開花、使球不再轉動等，都是很棒的靜心電玩教材。

五感的強化覺察

視覺

◆運用書籍、實物或電腦為工具

●**找不同**：找一些以「比較不同點」為主題的書，讓孩子去找出兩張圖中不一樣的地方，提醒他們要靜心觀察。

●**記憶力大考驗**：展示十樣物品（以圖片或實際物件都可以），只給學生看二十秒鐘，然後收起來，接著要他們說出看到了什麼。

也可以利用教室布置（或家裡的裝潢），請孩子轉向教室後方盯著布置看五秒鐘，然後轉身回來，問他看到了哪幾種顏色？看到了什麼圖形？等他作出回答後，再請他看看答案對不對。這是對周遭覺察的一種練習。

●**閃卡：**以PowerPoint設計數字卡，卡片上分別為五個、六個、七個到八個的連續數字，用快閃的方式讓孩子瞬間速讀，然後要他寫出或念出答案。過程中提醒孩子要靜心，以眨眼的照相式瞬間印象看字卡，愈靜心，才能看得愈完整。

◆運用網路圖片、影片資源

●**腦年齡測試瞬間記憶：**上網搜尋「腦年齡測試」，點進網站就可以練習瞬間記憶力。有數字記憶、符號計算與顏色辨別等不同類別，很有趣。

●**錯覺圖：**我常利用「525心理網」，點選「知識」裡的「心理圖庫」，試試眼見不一定為真的視覺感受。

●**專注與散漫：**看待一件事情時，我們常常會有兩個盲點而無法看清真相，一是「太專注」，陷入見樹不見林；二是「太散漫」，無法發現已存在的真相。只有在冷靜清醒時才能看到事情的原貌。有兩張圖可以提醒我們注意自己的盲點。

1. 專注盲點圖：上網搜尋「盯住黑點」圖片，可以找到一個四周是彩色、中間有黑點的圖，專注看著那個中間的黑點，慢慢會發現，周圍的彩色漸漸變淡或消失了。

2. 散漫盲點圖：上網搜尋「請問這張圖片到底幾隻老虎」圖片，先很快地看兩秒鐘，說說你看到幾隻老虎；接著，再仔細找找看，有沒有看到十七隻老虎？

● **3D圖畫影片：**上網搜尋「3D圖畫」的影片，可以充分體會到立體與平面交錯的感覺。

● **情緒影片中的覺察：**準備幾段讓人看了立刻會被引發情緒的影片，如生氣、興奮（比如電影《葉問1》的金山找搶棉花廠與被葉問打的畫面，這一段同時包含了「生氣」——好人被打，與「興奮」——葉問打壞人）、緊張（走鋼索、特技表演）、恐懼（適合小孩看的恐怖片）。在看這些影片前，先帶著孩子做覺察，等大家心都靜下來後，再播放影片。帶著覺察的心來看這些影片，然後發表心得。

● **魔術表演：**上網搜尋「魔術表演」的影片，先看一次正常速度的表演，再改以慢動作播放一次，讓孩子注意觀察，看能不能發現影片中魔術的祕訣在哪裡。

聽覺

● **聆聽周遭：**讓孩子傾聽周遭的聲音兩分鐘，再說說他聽到了什麼。聆聽的過程中，要安靜不發出聲音。

● **聽自己的呼吸：**讓孩子靜靜傾聽自己的呼吸，即使聽不到也無所謂，不用刻意讓呼吸變大聲。

● **聽樂器的聲音：**選幾項樂器，比如鐘聲、鈴聲、木魚、響板、三角鐵、木琴、鐵琴、鼓……等，別讓孩子看到你拿的是什麼，然後敲出樂器的聲音，要孩子辨別那是什麼樂器；接著再敲一次樂器，讓孩子猜你敲了幾下。

● **聽很小的聲音：**訓練孩子要更專心才聽得到。

嗅覺

●**聞人工香精：**這個活動結合了食品安全教育，因為目前市面上的很多食品都有添加人工香精。準備好各種味道的人工香精（如草莓、蘋果、橘子），先讓孩子聞一聞這些人工氣味，再讓他們聞一聞真實的水果味，互相做比較，不但可以增進嗅覺的覺察，也可以教孩子食用天然食品的重要。

●**聞花香：**準備好幾種不同的花朵讓孩子嗅聞，確定花朵的香氣，接著叫孩子蒙上眼睛再聞一次，測試嗅覺。花朵也可以用香水代替。

●**聞異味食物的挑戰：**比如泡菜、臭豆腐、大蒜、洋蔥、榴槤……等，氣味強烈而特殊的食物，先讓孩子覺察一下自己的恐懼感，再請他們挑戰試吃。

味覺

●**慢食的體驗：**吃飯時，請孩子細細品嘗食物、享受食物，不交談，體會與食物在一起的感覺。

●**品嘗葡萄乾（或其他食物）：**拿起一顆葡萄乾，先看看它的色澤、紋路、形狀，再聞聞它的香氣，然後放進嘴裡，慢慢地咀嚼品味。也可以讓孩子選他們愛吃的零食來做體驗。

●**吃白飯或白饅頭：**透過品嘗白飯、白饅頭單純的口味，帶領孩子體會平凡的滋味，知福惜福。

觸覺

● **拍打身體：**練習拍打功，分別以手掌、拳心、掌根拍打身體，體會一下力道有什麼不同。這項覺察也可以結合健體養生。

● **流汗體驗：**運動過後，不吹電風扇或冷氣（但可以準備手帕擦汗），而是直接去感受身體的熱氣，感覺自己的身體變熱、流汗、變涼的過程，透過覺察，體會心靜自然涼。

● **熱敷與冰敷：**讓孩子分別觸摸冰敷袋和熱敷袋，體會一下不同溫度的感覺。

● **恐怖箱體驗：**準備一個不透明箱子，從外面完全看不到箱內的東西。在箱子裡面放入布偶、假的動物玩具等物品，但是別讓孩子知道你到底放進了什麼，盡量把箱裡的東西形容得很神祕，讓孩子先覺察自己的情緒，再嘗試把手伸進箱內去摸那個物品，猜猜那是什麼。這個活動也結合了面對恐懼的覺察。

● **在身體上寫字：**兩人一組，輪流在對方的手心和背部寫字，再請對方猜猜是什麼字。

● **信任跌倒：**兩人一組，面朝同一個方向站立，前方的人直接往後倒，讓後方的人接住。這個活動最好能在有軟墊的地方做，並要注意後方接住者的安全，以免發生危險。

● **好朋友握手抱抱：**在團體練習中，先請孩子勾選他不敢握手和抱抱的朋友，然後引導他們打開心去接受別人，練習培養愛心。接著再做一次調查，請孩子勾選他可以去握手和抱抱的朋友，並讓他們兩兩互相握手或抱抱，一起感受那種觸覺。這個練習也可以結合班級團體輔導。

日常生活裡的實踐

●**走路：**上學時、放學時、上廁所時、在學校裡去科任教室上課時、開朝會時……許多時候都需要走路。不妨常常提醒孩子去感覺自己的腳碰觸地面的感受，導師也可以帶領學生走去科任教室。久而久之，孩子便會懂得走路也可以練習靜心。

●**寫功課：**寫功課之前，先靜心覺察三分鐘。

●**做操：**做體操時，帶領孩子覺知自己的動作。

●**打掃：**打掃時，體會一下打掃用具和地板、窗戶、黑板摩擦的感覺。在家裡打掃時，也可以練習。

●**上課前：**先做觀察呼吸三分鐘，或做「覺察節奏記時器」（第二二九頁）的練習，讓心保持專注。

●**午休：**可以播放身體掃描的指導語（參見第二二七頁「觀察身體」的練習指導語）。

全面的創意覺察

破框的覺察體驗

● **全班都零分（參見第一四〇頁）**：讓學生針對一件事寫心得，然後請他們給老師批改。起先，老師要全部給零分，然後問大家拿到零分的感覺，再說明老師的用意是要讓大家學習「歸零」，分數並不代表一個人的價值。接著，開放全班發表意見。最後，再給全班每一個人都打一百分。

● **全班都是「是長獎」（參見第一五八頁）**：寫出學生的一百個優點（或讓學生自己寫，也可以幫別人想）。在畢業前夕（或學期末），頒給學生一個「是長獎」的獎盃或獎狀，讓他們知道每一個人都是獨一無二的，都有自己的光明潛能。

● **俄羅斯娃娃**：拿一個俄羅斯娃娃（可以自己製作），在孩子面前，把娃娃一層又一層地打開，最後才看到裡頭的東西。接著問問孩子，他覺得這個玩具有什麼意義？我們都有心靈寶藏，雖然外在看不到，但要相信自己內在的擁有，透過覺察，其實也就像一層又一層地打開俄羅斯娃娃，可以一步一步地去發現。

● **慣性飛機：**先示範一種射出去會再飛回來的「迴旋飛機」，讓孩子玩，只要射出時的力道和方法正確，它一定會飛回原處——就像我們的慣性，一輩子很難改變。接著，將機翼小摺一下，會發現它飛不回來了！人生就要像這架有變化的飛機，學會跳離慣性，讓自己的心不被捆綁，變得更自由。

● **沉澱杯：**以透明杯子調一杯小蘇打水，將杯子大力搖晃，讓孩子觀察看著水的混濁情況。接著把杯子放在桌上，讓小蘇打自然沉澱，之後，請大家觀察沉澱後，杯中水變清澈的結果，問問他們的感想。我們的情緒也像杯中水一樣，放著不用力，就會自然沉澱。只要把它放下並看著它就可以，不必特別去用力調整。

● **戴著眼鏡找眼鏡：**把眼鏡戴在頭上，然後故意跟孩子說你的眼鏡不見了，當然，孩子會告訴你，眼鏡就在你的頭上！但你要一直否認。最後孩子會忍不住直接伸出手指給你看，你還是要裝作不知道。也可以手上拿著錢包，嘴巴卻一直說錢包不見了，孩子聽見了通常也會過來提醒你。藉著這個有趣的小遊戲，可以讓孩子思考一個道理：一切我們本來就有，卻沒有發現，還一直向外找。

● **捆綁自己：**在孩子面前把自己的腳綁起來，只能用跳的移動，同時，請孩子想想為什麼你要這麼做。這象徵著我們常被別人和自己的想法困住，完全聽從，讓自己沒有自由。這個體驗也可以用於兩人三腳。

● **一塊錢與無量支票：**事先跟一個學生排演好，在大家面前表演——先給他一張寫上多少數字，就可以有多少錢的「無量支票」，但他說不要；改為給他一千元，他也不要；十元，也不要……最後到了給一元時，學生欣然接受。藉此可以說明，我們有無窮無盡的心靈寶藏，要有多少就可以得到多少，不要忘了我們本有的好東西。

●**撕掉過去**：拿出孩子之前犯錯的一張紀錄單和一張獎狀（撕掉了不會引起抗議的），先帶著孩子回憶這兩件好事和壞事，然後，突然將兩張都撕掉！這是在強調當下最重要，過去的，就讓它過去吧！

●**摔破古董**：拿一個杯子，向孩子介紹它有多麼珍貴（但為了避免代價太高，所用的其實是個便宜的普通杯子），然後打破它。藉此讓孩子警覺，許多事情不會如我們所預期一樣，我們要接納人生的破碎和不完美（摔破杯子時請注意安全）。

●**刺氣球**：準備好幾個吹滿了氣的氣球，在孩子面前拿出其中一個，說：「我要把它刺破！」然後瞬間馬上刺破，嚇一下孩子（請記得向他道歉）。接著，再拿一個氣球做出準備刺破的動作，教孩子不能摀住耳朵和眼睛，要去面對這個即將爆破的壓力；但也要試著內心不強化那個爆破的可怕——不逃避，也不強化，就只是感受一下心中的恐懼，與它同在即可。這時，刺破氣球，問他跟第一次爆破比起來，這次有沒有比較不怕？如果敢直接吹氣球，也可以直接把它吹到爆。

教室裡的覺察遊戲

●**逗笑**：在開始之前，先請大家練習觀察自己想笑的感覺。這個遊戲有兩種進行方式。找一個人站在台上，其他人要負責逗他笑，但是只能用動作，不能出聲音，只要台上的人能撐住一分鐘不笑就過關。也可以兩兩互逗，兩人互看，同樣不能出聲音，先笑的那個人就輸了。

●**伯「覺」奶「察」**：請同學們自由準備好各種問題（不能出不雅的題目），然後請受測者站上台，不管被問到什麼問題，受測者都只能回答：「伯覺奶察。」其中會有答非所問的地方讓人想笑，笑了就換人上台接受測試。

●**慢動作**：先以正常速度做動作，再以慢動作表演一遍，提醒大家「慢」的重要。

●**悲喜劇**：請大家自由演出短劇，不過，重點在演的方式很「特別」。短劇內容比如：開車出門時，一路都遇到綠燈；在打鐘前的最後一刻衝進教室，沒有被登記遲到；考試考了一百分；討厭的老師請假，所以回家沒有作業……這些原本是喜劇，但是，必須用「怒劇」、「悲劇」方式演出。相反地，也可以試著把悲情演成一齣喜劇。這些「悲喜劇」，說明了人生如戲，有時我們是可以轉變劇本的，所以不要太入戲。

●**歡迎光臨**：請同學分別戴上生氣、難過、恐懼、喜悅的面具，扮成我們的情緒，到教室外去。接著四種情緒敲敲門，教室裡的同學們一起喊：「歡迎光臨！」四位同學進教室後，各自表演誇張的情緒反應，接著也坐在椅子上，這時，全班一起說：「隨便坐坐。」表演完之後，四種情緒起身離開，同學們再一起說：「謝謝光臨！」藉著這個小互動，說明讓情緒自由來去的道理。

●**心靈寶藏**：甲演心靈寶藏，乙演自己。甲一直如影隨形地跟著乙，要引起乙的注意，但是，乙卻連正眼也不瞧它。其實心靈寶藏也是如此，不管多被忽略，卻從未離開過我們。

●**搶椅子**：大家把椅子圍成一個圓圈坐下，然後有人扮成「情緒魔魔」走進來，大家一起唱歌，但是要提高警覺——等老師一吹哨子，就要趕快搶位子坐，不能讓情緒魔魔搶到。我們也一樣，要常常覺察，別讓自己被情緒占領了。

● **老師說**：這個遊戲想必大家都玩過。老師下的指令，一定要加上「老師說」才能做，遊戲時，要刻意用很多陷阱讓孩子做錯，藉以提醒他們要保持專注力。

● **一二三木頭人**：這個小小孩也會玩的遊戲，可以幫助孩子練習「暫停」的習慣。

● **頂書走路**：保持靜心，專注地頂著書走路，如果能安全走完，再增加書以提高難度。

● **端水走路**：捧著一個快要裝滿水的容器走路，保持靜心專注，盡量不要讓水灑出來。

● **金雞獨立**：舉起一隻手並以單腳站立。這樣太簡單？沒關係，可以用手腳伸展成一直線做水平動作，或是進一步地閉上眼睛，增加難度。愈能靜心專注的人，愈能站得久。

綜合闖關活動

利用以上的活動，可以設計一個綜合闖關活動。在開始進行每一關前，要先做五次深呼吸。在此提供二十個關卡例子，可以從中挑選進行。

● **三分鐘雕像**：三分鐘內不能動，跟隨覺察指導語做觀察呼吸（參見第二二七頁「觀察身體」的練習指導語）。

● **覺察節奏記時器**：必須要全體都做對兩分鐘的測試才可以過關。

●**走單索：**在兩棵樹（或柱子）之間綁一條繩子，位置不要太高。每個人都要踩著繩子走到終點，一個人不能掉下來超過兩次，否則要重來。

●**頂書：**頂書繞兩圈就過關了。若失敗了，則要從頭再來。

●**端水：**端著一盆水走一段路，不溢出算成功。失敗了也要重來。

●**記憶力大考驗：**也就是瞬間記憶，要記得盤子裡的十樣東西。

●**輕聲細語：**刻意很小聲地對他們說話，然後要他們重述一遍。

●**吃白饅頭體驗：**吃白饅頭一分鐘，說出感受，每個隊員所講的內容不能重複。

●**心電感應：**隊員們皆面朝右（或皆面朝左）排成一列，排在最後面的人照關主秀出的字，寫在前一位同學的背上，接著依次傳寫至最前面那個人，答案正確即過關。

●**恐怖箱：**每一個人都要伸手進恐怖箱中探索，猜猜自己摸到了什麼東西，猜對者過關。把手伸進箱子之前，別忘了先感受一下自己的恐懼。

●**專心度考驗：**全隊先合唱一首歌，接著請其中三個人出來，戴上耳機（大聲播放著很吵的音樂），在聽不到自己聲音的情況下，把剛剛那首歌唱出來。

●**你說我聽：**兩人一組，先讓其中一人說一分鐘的話，中間不能插話，然後由另一人複述他說的重點。

●**歡迎光臨：**請四位同學戴四個面具代表四種情緒，敲門進來、坐下表演、起身離開，其他分別說「歡迎光臨」、「隨便坐坐」、「謝謝光臨」。

●**心靈寶藏：**兩人一組，甲演心靈寶藏，乙演自己本人，甲一直對乙如影隨形要引起乙的注意，但是乙就是正眼也不瞧他，關主同意後過關。

● **老師說**：玩到全隊都過關為止。

● **單手穿衣**：每個人選一隻手穿衣，另一隻手不能用，穿上後過關。

● **左手寫字**：用非慣用手寫出自己的姓名，寫完後，，通過檢查即過關。

● **用腳穿襪**：用一隻腳幫另一隻腳穿上襪子，一半的人穿上了便過關。

● **蒙眼走路**：兩人一組，甲帶著蒙眼的乙繞一圈回來，交換角色，全部完成後過關。

● **刺氣球**：每一組刺兩次，發表心得。

多元的覺察創作

● **對自己**：寫出覺察對自己帶來的五點助益。

● **對別人**：寫出對老師教覺察的建議、跟父母一起做覺察的感受等。

● **寫下或畫出一件覺察作品**：例如劇本、故事或四格漫畫。

● **自己想出一種覺察法**：創造一種適合自己的覺察方法。

八大科目的學習覺察

提升學科專注力

不管哪一科的學習都需要有基本的專注力，也就是注意當下的專心度。有五種方法可以幫孩子提升專注力：**1.上課前的靜心練習。2.上課時的專注聆聽。3.做筆記時，專注覺察紙筆摩擦時的觸覺。4.克服恐懼感，學習發言。5.感受面對討厭科目時的情緒。**

這五種能力是每一科通用的，都可以透過練習而達成。

覺察雖然不是一種思維能力，但是對於要思考的學科有促進和調節的作用，使得孩子面對要動腦筋思考的學科時，多了一種內在的學習動機，畢竟做任何事情，都要有心情。如果學科的思維能力是「外練筋骨皮」的外功，那麼，覺察就是「內練精氣神」的內功。

國語文

國語文要培養的能力是：注音符號應用能力、聆聽能力、說話能力、識字與寫字能力、閱讀能力、寫作能力。

情緒覺察練習，可以克服上台發表時的緊張心情；紙筆摩擦練習，可以讓字寫得正確又端正；靜心覺察練習，可以觸發寫作靈感。而在國語文強調的大量閱讀之外，覺察教育也幫助孩子注重「閱讀自己」——其實我們的內在也有一本百科全書，有無窮無盡的寶藏值得去發現，這是另類的「深耕閱讀」。

另外，有些課本的內涵就蘊藏了人生哲理，比如：珍惜今天、發展潛能、自我實現、突破框架、快樂助人、生命智慧……等，都可以從課本的內容加以發揮。還有一些跳脫正向思考、傳統道德的老莊思維，也值得從小就讓孩子們接近，像是老子的《道德經》、莊子的寓言、《菜根譚》，以及王維、蘇東坡、陶淵明的詩詞，還有禪詩，以及有智慧內涵的成語。

我們的整體教育太「儒」化，太強調向外學習、拚命努力、修練品德、比較高下、分別善惡，這樣的教育哲學，造成學生、老師和家長都過勞，雖然才學洋溢，卻很難快樂起來。多一些道家的自然哲學，以及禪的當下智慧來平衡，我們的教育才會成功又快樂。

英文

英文的學習原則，大致和國語文一樣。

孩子通常比較不敢開口說英語，或是因為成績不好而不願面對，透過「面對恐懼」的覺察練習可以慢慢克服。如果能讓英文教學更生活化、趣味化一些，相信學生可以學得更好。

數學

數學的主要內涵是：代數、連結、統計與機率、數與量、圖形與空間。這個科目可以說是讓大家「痛苦指數」最高的一科，因為對許多人來說，不是難以理解，就是容易粗心犯錯，所以數學也是最不受歡迎的科目。尤其，小學生面對考試時因粗心而失分，更是許多人的夢魘。

從我的實務經驗來看，靜心的覺察練習有助孩子拿到好成績，這也是我的「數學高手四絕招」：**1. 考前覺察三分鐘。2. 考試中，注意紙筆摩擦的感覺。3. 遇到難題先跳過去。4. 寫完題目後，閉眼一分鐘再去檢查。**

用這個方法，我帶過的學生受益無窮，成功減少了粗心犯錯的可能。

社會

社會科包括：地理、歷史、生命省思、人際互動、政治、法律、宗教、經濟、民俗、理財、科技、全球議題等，都是在說明以「人」為主的學問，也就是如何讓自己能夠更社會化的學問。

這其實就是「面對當下」的精神，畢竟我們生活在地球上，當然要想辦法瞭解這個世界的遊戲規則，增加我們的「現實感」，調整自己去適應現在的生活，而不是要外在的世界來適應我。

自然

自然科學是人與自然的一種交流，包含了：生物、物理、化學、地球科學。覺察教育在這個領域有很多的想法和做法。我們的課程要多師法自然，與天地合一，尊重大自然的定律，不要以人定勝天的狂妄而讓環境遭受傷害。在此舉出一些例子，可以帶領孩子們對於「人與自然」關聯的環環相扣，有更多的覺察思考。

- **動物行為的意義**：狗吐舌頭，河馬泡水，北極熊的毛，蛙蛇冬眠，動物大遷徙，壁虎斷尾求生，瓢蟲裝死，烏龜縮殼，保護色的偽裝……凡事都有原因和意義。
- **弱肉強食**：雖然殘忍，卻是生態的平衡方式。
- **沒有完全相同的兩棵樹**：凡事都是獨一無二的。樹葉都長得不整齊，卻很美——自然就是美。多觀察它們的根、莖、葉、花、果的不同——培養觀察力。請孩子們去校園裡找出兩棵「完全一樣」的樹，藉以發現每一個生命都是獨一無二的。
- **蓮花**：出淤泥而不染。
- **空氣**：它無所不在，但是人常常沒感覺，失去了就會知道多重要——觀呼吸。
- **逆風**：雖然不易前進，但也因之才能飛翔、航行、發電、傳粉，凡事都是一體兩面，好壞參半。
- **水的三態本質一樣，但型態不同**：水雖然外顯不同，但都有一樣的本質，人也一樣。
- **浮力與巨浪**：浮力可以行船，也可以沉船；巨浪可以衝浪，也可以溺人，說明了平衡的重要。

● **水平線**：心只需要時間，自然會平靜。

● **連通管原理**：不管什麼形狀的管子裝水都一樣高，就像任何人都是平等的。

● **打雷**：熱過頭就會生氣，氣完就會平靜。

● **颱風**：陽極轉陰，物極必反。

● **地震**：自然的一種平衡。

● **月亮變化**：其實它根本沒變，是光線的關係，本來就圓滿，不要只看外相。

● **北極星**：人人心中都有方向不變的北極星。

● **哥白尼和伽利略**：他們發現了天象的真相，卻被打壓，教會在三百年後道歉。引領我們思考先知堅持說真話的卓見與寂寞。

● **河流**：不停地流去，就像讓生命順流而去，不用回頭。

● **地心引力**：有些力量不用接觸就產生了。

● **槓桿**：省力就費時，省時就費力，凡事都有一體兩面。

● **施力臂愈長就愈省力**：覺察就是施力臂很長的省力點，可以輕鬆地調和情緒。

● **輪軸**：大輪帶小輪，小輪帶大輪——都是一體的。

● **彈簧**：人要有彈性。

● **熱脹冷縮**：冷就縮小，溫就脹大，太熱就爆破——要適量的溫度才能通暢，心情也是。

● **電路**：接對正負極，燈就亮了，接納了人的正面與負面，人也亮了。

● **不僅要能加速，也要能煞車**：能動能靜，這個調整動靜的力量就是覺察。

●**光的折射，讓筷子像斷掉了，腿變短了：**幻相逼真，不要被眼睛騙了。

●**同性相斥，異性相吸：**男女生會互相吸引，自然之道，不要排斥。

在上自然課時可以順便提到這些「自然哲理」，以下是可以帶學生體驗的活動。

●**「變動」與「不變」的體驗：**帶學生到戶外看天上雲朵的變化，天上的雲不斷變化，但是天空從頭到尾就是那片，可見有所謂的「動」與「不動」，就像人一樣，情緒和思想是變動的，但是本心是不變的。也可以到橋上看河，海邊觀浪，路邊觀察車，水、浪、車不斷地動，但你是相對地不動。

健康與體育

健康與體育領域，重視生長與發育、人與食物、運動技能、運動參與、安全生活、健康與心理、群體健康。簡單地說，就是從身體到心理，全面讓人身體健康，精神愉快。這點與覺察教育的概念剛好契合。

這一科以「心靈醫學」和中醫的「熱能醫學」為主，並加上西方運動科學輔助與實證，而不是一味以西方體育觀念為主，並透過多元與活潑的方式教學，讓每一個孩子都能學會自我保健的知能。而覺察教育的目標就是要發現身、心、靈的平衡與喜悅，回到整體健康，找回我們每個人本有的健康自主權與快樂自主權。在此提供幾個具體的活動方法。

● **跳得累不累：**在地上畫三個圈呈一直線，在最左邊的圈圈裡寫「過去」，最右邊的圈圈裡寫「未來」，中間的圈圈裡寫「現在」。接著讓孩子在「過去」和「未來」之間來回地跳，跳到沒力為止，再請他站在中間的「現在」圈圈裡休息。藉此說明，心想著「過去」和「未來」會過勞，像身體一樣，不如在當下的「現在」好好地放鬆、觀照。

● **在遊戲中面對恐懼：**有些遊戲是有冒險性的，比如踢罐子、大地遊戲的闖關活動、躲避球，都需要冒著被對方攻擊的危險。試著先帶領孩子面對並覺察內心的恐懼，然後開始玩這一類的遊戲，並且在玩的過程中，提醒他們要突破恐懼，勇敢冒險。

● **兒童樂園練覺察：**帶小孩去兒童樂園玩，也可以練習覺察恐懼。可以挑選一些刺激的遊戲去玩，如咖啡杯、雲霄飛車或鬼屋，提醒孩子要適當地宣洩情緒，比如尖叫出來，不要壓抑，或是去感受當下的恐懼，不要完全被恐懼所控制。

● **耐力跑的覺察：**請孩子按照自己的步伐慢慢跑步，但不要用走的。跑步的全程要注意兩件事：**第一是「會不會太喘？」**如果太喘的話，再跑得慢一點，但要保持跑步的狀態。**第二是「有沒有注意到腳碰觸地面的感覺？」**全程提醒孩子這兩件事，以我的實務經驗，孩子會跑得很輕鬆，而且可以突破平常能夠跑的圈數，展現讓人驚奇的能耐。

● **打籃球的覺察：**一般小男生大都喜歡打籃球，讓他們多打，但是開一個條件：打球時，要多聽球碰觸地面的聲音。

● **體能訓練的覺察：**有些運動比較激烈，比如開合跳、短跑，這時，提醒孩子把注意力放在覺察自己身體的痠痛，然後依自己的感覺決定要繼續或放棄。根據經驗，能夠覺察痠痛時，也比較能增加持久力。

- **高度競賽壓力的比賽：**比如拔河、大隊接力等，比賽前先做覺察靜心，可以減少因緊張而失誤或者受傷。
- **正念覺察的養生法：**不管任何動作的養生法，只要加上「對當下的覺知」，就是正念覺察的養生法，同時也有助於促進身、心、靈的健康。

藝術與人文

藝術與人文主要是三個面向：探索和創作、審美和思辨、文化和理解。覺察教育也可以融入藝術與人文的教育觀念與教法之中。

◆觀念

覺察教育的核心理念是：對任何創作都不評價好壞，完全接納，每個作品都是獨一無二的。讓孩子領悟到要用心感受創作，超越美醜的標準，不去抄襲或仿冒別人的作品。

◆創作主題

- **禪繞畫：**透過禪繞圖來完成一幅美麗的作品，並以此來靜心。
- **畫出「覺察貓」與「情緒鼠」：**自由畫出想像中的「覺察貓」與「情緒鼠」，以這個主題畫出覺察與情緒的關係，也可以用四格漫畫呈現。

●**三大怪獸圖**：自由畫出「念頭」、「過去」、「未來」這三個控制人類的怪獸圖畫。

●**本體與小我的圖**：請孩子自由畫出「不動的」飯店主人，和「變動的」情緒客人，讓他們瞭解自己心裡有不變的本體和變動的情緒。

●**畫出自己的第二張臉**：怎麼畫都不受限。畫完之後，孩子會理解到，原來除了我們外在這一張臉之外，內在還有一張很美麗的臉。

●**心靈之圖**：請學生自由畫出心裡的世界，藉以讓老師瞭解學生的心情。

●**製作一把快樂的鑰匙**：自由製作一把精美的快樂鑰匙，做好之後，請自己好好保管，不要把這把鑰匙隨便送給別人。製作的材質不限。

●**製作一個不倒翁玩具**：告訴孩子，我們要能找到身心不動的本體，讓自己跌倒了再爬起來。

●**突破原本的喜好框框，欣賞不同的音樂**：練習聆聽自己原本不習慣聽的音樂，比如：歌劇、歌仔戲、南管、客家山歌、京劇等，當作是突破慣性的聆聽練習。

●**聽聽心靈音樂**：聆聽紓壓音樂，讓身心放鬆。

●**創作心靈歌曲**：也可以結合文學和音樂，試著創作出屬於自己的心靈之歌。

綜合活動

綜合活動的主要內涵是學習人際互動。而正念覺察的活動，也有不少是可以促進人與人之間良性互動的，舉例如下：

●**你說我聽**：兩人一組，先讓其中一方（甲）說話，另一人（乙）眼睛看著對方，專心聽他說，忍住三分鐘不插話、不問話、不作怪，只能點頭，當對方不說話時也必須耐心等候，讓說話者盡量多講。三分鐘到了以後，由乙說出甲剛剛所講的內容，並請他確認。

●**藝術回饋**：這是運用藝術來促進溝通的方法，先透過覺察聆聽對方怎麼說，接著以繪畫、表演、唱歌來確定對方所講的內容，達到雙向的瞭解溝通。例如「一人一故事」，由表演者即興表演出當事人的事情和心情。

●**親密互動**：先以好朋友來暖場，請孩子對好友說聲：「**我愛你。**」彼此握手、拍肩或擁抱。接著，要孩子靜心感受一下，自己跟比較陌生或不來往的同學之間，是否也可以如此良性互動。可以先從較簡單的「**握手**」口令開始，同學們之間可以握手的盡量握手——由想握手的人向對方伸出手，而對方可以決定要不要握。第二個口令則是彼此面對面說：「**我挺你。**」第三步是向對方說出：「**我愛你。**」最後是「**擁抱**」（男女生之間，要先示範安全的擁抱法）。請孩子依照自己能接受的程度，彼此進行良性互動。在過程中，盡量提醒孩子們「**把心打開**」，接受這個安全的良性互動方式。

【結語】

誰來決定你的價值？

從ＰＲ到ＰＱ

參加國中基測的孩子都會有一個ＰＲ值的等級分數，ＰＲ九十九代表在一百個人之中，你贏過了九十九個人，也就是最高等級，準備上第一志願。ＰＲ值愈低，就代表你的分數等級愈低。

這個ＰＲ分數，就是九年一貫教育實施之後，定義孩子學習表現的總成績，學生家長和老師最關心的莫過於此。雖然健康很重要，專長很重要，快樂也很重要，但是，都沒有這個分數重要，因為它關係到孩子未來的前途！到底是上前三志願、公立高中職，還是私立高中職？全都看這個分數了。

孩子的價值，似乎就由這個分數所決定，有多少不是ＰＲ九十九的人會滿心喜悅地接受他的分數，還有多少人看到自己的分數，就很傷心悔恨？ＰＲ變成了學生的另一個代號，讓高分者充滿豪氣與自信，低分者抬不起頭。

勝利永遠屬於高分的人，也就是在比較之下，大部分的人都是失敗者。但是，難道我們人的價值就由這個PR分數所決定嗎？

◆價值的思考：「暫時」與「永恆」

我們班的學生拿到考卷時，常常會去看其他同學的分數，當發現自己比別人高分時，即使只多一分也很得意；見同學得一百分，而自己「只」考九十九分，就忍不住難過。不過，也有人拿到七十五，卻振臂歡呼。

當我們用「比上不足，比下有餘」來安慰自己或別人時，其實是把自己的價值交給了別人決定，認為：「比我不好的人給了我價值感，我之所以有價值，是因為比他們強。」

如果有一天，在某個團體裡沒有比你更差的人時，你怎麼辦？你是不是就一無是處了？

用比較來決定人的價值，是我們的慣性模式，讓我們有「暫時」的價值感，但同時也失去了「永恆」的價值感，注定要在比較之中失落、傷心，就算有成就，但肯定會常常痛苦。從我請孩子們畫的心理畫中可以一窺究竟，班上成績頂尖的幾個學生，仍然常常陷入憂愁，他們的快樂不會比那個得七十五分卻振臂高呼的同學多。

◆PQ覺察的教育理念：讀自己

PQ覺察的教育理念，源自於古今中外許多教育家、哲學家的思想。

宋朝有所謂的「朱陸鵝湖會」，是朱熹和陸九淵的哲學之爭。

就教育來說，朱熹認為教育要以教育聖人為目的，偏重向外求取經驗，主張要多讀聖賢典籍，博學多聞、格物致知，以達到修齊治平的目的，但是在這種觀念下，人就有智愚、聖凡、優劣的比較和分別，這也是我們千百年來流傳的傳統教育觀點。時至今日，萬般皆下品，唯有讀書高的觀念深植人心。

陸九淵的教育觀點則有所不同。他認為教育的目的是教學生「做人」，人人都有本自具足的光明本性心，他重視內在工夫的修練，不拘泥古人的文字，讓每個人都能有所成，所以強調因材施教，直指本心，讓學生瞭解自己的本有價值，人人都有機會成就。

簡言之，如果朱熹強調的是「讀書」，那麼陸九淵就是強調「讀自己」。我在這本書裡所提到的一些實際案例，就是將陸九淵的教育精神透過實

PR（注重比較的現行教育）／朱熹	PQ（注重本有價值的本體教育）／陸九淵
優秀菁英的價值	平衡的價值
外塑	本有
多讀書	多讀心
當聖人（優秀的人）	當完整平衡的人
格物致知，修齊治平	本自具足，不假外求
人分聖凡、優劣	每個人皆有光明本性
專注	覺察（覺知、靜觀、觀照）
外在老師	內在老師
PR	PQ

際活動呈現，以補足朱熹理念之不足，讓兩者相輔相成，以利全人教育功能的彰顯。

暴龍小孩、蝴蝶小孩，與覺察的黃鸝鳥

有一個小孩被暴龍追趕，他神色慌張，拔腿狂奔，生怕成了暴龍的食物。後來暴龍去追其他的大獵物了，小孩終於能停下來，他癱倒在地，氣喘如牛。

這時，他看見一個小朋友拿著網，興高采烈地在追蝴蝶，雖然跑不快，但是笑容沒有停過。暴龍小孩問他：「你都不會累喔？」蝴蝶小孩說：「那麼好玩，怎麼會累？」暴龍小孩又問：「你不怕等一下暴龍又來嗎？」蝴蝶小孩回答：「我沒有看到什麼暴龍啊！牠很可怕嗎？」

這時，樹上有一隻黃鸝鳥笑了出來，對兩個小孩說：「你們一個跑得半死又累得半死，另一個不知道人間的疾苦，為什麼不像我一樣輕輕鬆鬆地看風景啊？」

◆ 你是哪一個？

「暴龍小孩」就是現行教育下的小孩，被課業壓力壓得喘不過氣來，只要有機會，就想大肆地休息玩樂，因為不知道等一下「課業暴龍」什麼時候又要來，只好及時行樂吧！我們不能怪孩子過度放逸，因為他們實在太辛苦了，因為家長只重視考試的ＰＲ值。

「蝴蝶小孩」則是被保護的小孩，他們自動自發，學習充滿樂趣，雖然成績不見得像暴龍小孩那麼亮眼，但是他們學習的熱情是保持長久的。然而，他們仍要面對許多不喜歡的人生課題和挑戰。

「黃鸝鳥」是一種覺察心境，不管你是身處壓力或悠閒狀態中，重要的是看清事件本身，體會這個過程，就會得到一種平常心，該快跑的時候快跑，該探索時自動學習。

◆活在當下

放一些暴龍追小孩，他跑步當然會進步，但是，就怕放出的暴龍太多隻又跑太快，小孩會承受不了，所以要斟酌處理。

替小孩找蝴蝶，他當然會樂不可支，然而蝴蝶追完，還是會有人生的暴龍等著他。把孩子保護得很好，對他們不一定全然是好的。

真正的成長不是要把孩子隔絕於外境，為他量身打造一個適合成長的環境。而是從現今的環境中，找到自己存在的意義和價值，這就是黃鸝鳥的精神。

在每一個環境中穩住自己，找到環境給予的教育意義，任何一種情境都可以學習，不一定非暴龍或蝴蝶——這就是活在當下的積極意義。

附錄

從實踐到迴響

1 正念覺察YouTube搜尋關鍵詞與QR code
2 正念覺察參考書目
3 心靈電影整理
4 透過流行歌曲親近心靈
5 正念覺察腦筋急轉彎
6 正念覺察分級表
7 學生的回饋與反思（上）
8 學生的回饋與反思（下）
9 家長的褒與貶
10 老師的分享與回饋

1. 正念覺察YouTube搜尋關鍵詞與QR code

※以下覺察練習指導語與情緒教育歌曲，掃描QR code可直接連結：

覺察練習指導語

- 全班都零分之覺察練習——觀察呼吸**（內文第二二七頁）**
- 全班都零分之覺察練習——觀察念頭**（內文第二二七頁）**
- 全班都零分之覺察練習——專注練習呼喚自己**（內文第二二七頁）**
- 全班都零分之覺察練習——專注練習聆聽節奏**（內文第二二七頁）**
- 全班都零分之覺察練習——拉長呼吸
- 全班都零分之覺察練習——覺察對人事物的迷戀**（內文第七十七頁）**
- 全班都零分之覺察練習——覺察對人的怨恨
- 全班都零分之覺察練習——自我突破**（內文第一九四頁）**
- 全班都零分之覺察練習——上課前的覺察

- 全班都零分之覺察練習——考試前的覺察（內文第四十三頁）
- 全班都零分之覺察練習——吵架調解
- 全班都零分之覺察練習——魔法氣球
- 全班都零分之覺察練習——覺察生氣（內文第一二三頁）
- 全班都零分之覺察練習——覺察恐懼（內文第八十四頁）
- 全班都零分之覺察練習——覺察煩躁（內文第一九四頁）
- 全班都零分之覺察練習——覺察緊張
- 全班都零分之覺察練習——覺察憂傷
- 全班都零分之覺察練習——覺察外境
- 全班都零分之覺察練習——本來就圓滿
- 全班都零分之覺察練習——活在當下

情緒教育歌曲自創範例（詞・曲：張世傑老師／對照第一三二頁）

- 全班都零分之情緒教育歌曲——讓它來讓它去
- 全班都零分之情緒教育歌曲——你抓不到我

2. 正念覺察參考書目（陳德中老師整理）

正念與孩童教育

- 《全班都零分——以自我覺察喚醒孩子的學習力》，張世傑著，寶瓶文化出版。
- 《正念父母心，享受每天的幸福》，麥莁．卡巴金、喬．卡巴金著，心靈工坊出版。
- 《像青蛙坐定——給孩童的正念練習》（附練習光碟），艾琳・史妮爾著，張老師文化出版。
- 《這樣玩，讓孩子更專注、更靈性》，蘇珊．凱瑟．葛凌蘭著，橡樹林出版。
- 《孩子，我們一起靜心吧》，蘿倫．莫瑞著，橡實文化出版。

喬・卡巴金（正念減壓療法創始人）著作

- 《正念減壓初學者手冊》（附練習光碟），張老師文化出版。
- 《正念的感官覺醒》，張老師文化出版。

- 《當下，繁花盛開》，心靈工坊出版。
- 《正念療癒力》，野人文化出版。

MBSR（正念減壓）與MBCT（正念認知療法）

- 《減壓，從一粒葡萄乾開始——正念減壓療法練習手冊》（附引導光碟），鮑伯·史鐸、依立夏·高斯坦著，心靈工坊出版。
- 《找回內心的寧靜——憂鬱症的正念認知療法》，辛德·西格爾等著，心靈工坊出版。
- 《是情緒糟，不是你很糟——穿透憂鬱的內觀力量》，喬·卡巴金等著，心靈工坊出版。
- 《放輕鬆——揮別壓力的正念減壓法》，傑弗瑞·布蘭特力著，法鼓文化出版。
- 《正念：八週靜心計畫，找回心的喜悅》，馬克·威廉斯、丹尼·潘曼著，天下文化出版。
- 《自我療癒正念書》，薩奇·聖多瑞里著，野人文化出版。

正念與生活

- 《認識不夠好的自己——從紛擾生活中找回平靜的正念練習》，柯瑞·絲威特著，天下生活出版。
- 《你可以忙而不亂——停止抱怨、接納情緒、看清問題根源的52個正念練習》，麥可·辛克萊、喬西·希德爾著，時報出版。

正念醫療應用

- 《正念療癒，告別疼痛——找回身心平衡的八週靜心練習》，丹尼・潘曼、維達瑪拉・博許著，天下文化出版。
- 《正念減壓，與癌共處》，琳達・卡森、麥可・史貝卡著，心靈工坊出版。

正念與科學

- 《禪修的療癒力量——達賴喇嘛與西方科學大師的對話》，喬・卡巴金等著，晨星出版。
- 《情緒大腦的祕密檔案——從探索情緒形態到實踐正念冥想》，理查・戴維森、夏倫・貝格利著，遠流出版。
- 《喜悅的腦——大腦神經學與冥想的整合運用》，丹尼爾・席格著，心靈工坊出版。
- 《專注的力量——不再分心的自我鍛鍊，讓你掌握APP世代的卓越關鍵》，丹尼爾・高曼著，時報出版。
- 《靜坐——當東方靜坐遇上西方腦科學》，朱迺欣著，立緒出版。

其他正念相關書籍

- 《關照身體・修復心靈》，瓊恩・波利森科著，張老師文化出版。

●《靜坐的科學、醫學與心靈之旅》，楊定一、楊元寧著，天下生活出版。
●《搜尋你內心的關鍵字》，陳一鳴著，平安文化出版。

3. 心靈電影整理

親子溝通

- 《YA YA私密日記》：一個從小被嚴格管教的小孩反抗媽媽，母女倆慢慢再重新瞭解對方，彼此和解的過程。
- 《有你真好》：一個啞外婆不用任何權威，卻感動了調皮外孫的感人故事。
- 《小孩不笨2》：性教育、親子關係、品格教育的幽默教材。
- 《返家十萬里》：透過照顧野雁，修復了一對從小陌生的父女關係。
- 《美國天堂》：叛逆期的少女和母親，從衝突、瞭解到修復的感人故事。

面對難帶的小孩

- 《馬利與我》：看看一隻闖禍連連的狗狗，怎麼被愛的過程。

● 《星際寶貝》：看看一個只會闖禍的外星人，怎麼被當成家人的。

● 《街頭日記》：一位有愛心、有智慧的老師，如何將黑街的學生導向正途的感人故事。

● 《熱血教師》：一位熱血老師用各種創意方法，輔導學生的學業、閱讀的神奇故事。

適性教育

● 《心中的小星星》：一位學障學生被一般師長誤解、貼標籤，卻被另一個特教老師救回的故事。

● 《三個傻瓜》：以幽默的方式，批評當今教育的荒謬和矛盾。

● 《舞動人生》：一位父親從不支持兒子跳芭蕾舞，到最後給予支持的過程。

● 《想飛的鋼琴少年》：一個被媽媽過度控制的資優小孩，怎麼騙過媽媽，勇敢做自己的故事。

● 《搖滾教室》：一個搖滾歌手成功地激發了學生學習熱忱的故事。

覺察當下

● 《深夜加油站遇見蘇格拉底》：一個體操才子克服心靈逆境，體會當下的意義。

● 《回到十七歲》：人生是一連串的選擇，每一個過去都有意義。

● 《活著》：人生難免苦難，面對苦難，活在當下。

破框開悟

- 《楚門的世界》：一生被關在虛假大攝影棚內的楚門，突破萬難，離開假象世界。
- 《絕地再生》：兩個被欺騙的複製人，逃出虛假的複製人工廠的過程。
- 《駭客任務》：一切可怕困難的外相，都是心投射的幻影。
- 《美夢成真》：信念創造實相，自殺不一定會下枉死城。
- 《今天暫時停止》：跳出原本的生活慣性，才會有新的發現。

質疑權威

- 《天算不如人算》：改變自己的生活版本，破除命理權威的恐嚇。
- 《來自星星的傻瓜》：諷刺世間宗教的矛盾。
- 《第七度感應》：用科學破除神棍的勇氣。
- 《海灘》：破除精神領袖的假象。
- 《香水》：世人被偶像迷惑的荒謬。
- 《這個男人來自地球》：一個活了一萬四千歲的人類，說出了人類文明的錯謬。

自省

- 《老師你好》：一個頹廢的老師被學生改造的故事。

●《愛上你，愛上我》：一位心靈導演終於敢面對自我心靈的脆弱。

●《心靈投手》：老師自己也要不斷改變。

幻相逼真

●《虛擬偶像》：原來一個虛擬的3D假影像竟然可以將大家矇騙。

●《美麗境界》：一個患思覺失調症的天才數學家經過療癒，得到諾貝爾獎的過程。

●《情人眼裡出西施》：改變了心念，就改變了外境。

逆轉生命

●《逆轉人生》：一個很無厘頭的看護，帶領主人突破心靈框架的有趣故事。

●《當幸福來敲門》：一個離婚、失業、帶著小孩的爸爸，歷經艱辛逆轉成功的感人故事。

●《叫我第一名》：一名有妥瑞氏症的男孩，歷經被狠心拒絕，最後當上老師的感人故事。

愛情

●《Kiss情人》：一對分居的夫妻，重新溝通、瞭解而復合的故事。

●《窈窕奶爸》：一對離婚的夫妻，透過先生扮成管家一起生活，彼此有了更深的瞭解。

生死教育

- 《生命中的美好缺憾》：兩名罹癌的青少年相戀，體會愛情的故事。
- 《最後14堂星期二的課》：一位即將過世的教授對學生闡述生命意義的故事。
- 《心靈病房》：一位得重病的教授對生病和生命的省思。

不壓抑情緒

- 《腦筋急轉彎》：負面情緒對我們也有幫助。
- 《沒問題先生》：一個不懂拒絕的人慢慢扭轉自己，願意表達真正想法的故事。
- 《春去春又來》：放手讓生命勇敢去犯錯再自我省悟。
- 《抓狂管訓班》：一個過度壓抑不敢表達的男人，被強迫說出真話的喜劇。
- 《濃情巧克力》：一個勇敢做自己的巧克力店老闆，解放了保守壓抑的小鎮居民的故事。
- 《心靈捕手》：一位老師輔導一名封鎖心靈的數學高手，讓他卸除心防，面對自己。
- 《在天堂遇見的五個人》：有些心裡的話還是不要壓抑，要說出來並真誠去面對。

回歸純樸

- 《浩劫重生》：一個流落荒島的人，從原始生活開始適應生存的過程。
- 《那山、那人、那狗》：一名每天走在荒山野地的郵差，把人生傳承給兒子的溫情故事。

4.透過流行歌曲親近心靈

流行歌都是靡靡之音嗎？我可不這麼認為，有太多歌曲蘊藏著人生道理，可以讓學生透過輕鬆的歌唱，學到做人處世的哲理。

為什麼要用流行歌呢？因為很多學生都會事先「預習」流行歌，不用老師交代，自己就學會了，如果能選一些優質的好歌，不僅上課比較有趣，也可以教他們歌詞中的道理。

比起學校的音樂課，流行歌不是主流文化，但是主流文化通常比較強調正向，讓人有壓力，次級文化的內容比較真實，讓人放鬆平衡。

其實，有些愛情歌曲中，帶著覺察唱也是一種覺察練習。生活中不管做任何事，只要能保持「知道自己正在做什麼」，就是做到自我覺察了。

活在當下

● 〈知足〉（主唱五月天）：注意自己所擁有的。

- 〈OAOA（現在就是永遠）〉（主唱五月天）：勇敢活在當下。
- 〈沒離開過〉（主唱林志炫）：注意當下的美好。
- 〈簡單的快樂〉（主唱蕭煌奇）：簡單就可以快樂的方法。
- 〈聽泉〉（主唱徐曉菁、楊芳儀）：聆聽當下的美好。
- 〈秋蟬〉（主唱徐曉菁、楊芳儀）：珍惜當下的美好。
- 〈守住這一片陽光〉（主唱林佳蓉、許淑絹）：珍惜當下的美好。
- 〈歸〉（主唱李建復）：體會當下之美。
- 〈過去只是一聲再見〉（主唱姜育恆）：放下過去。
- 〈微風往事〉（主唱鄭怡）：不再回想過去。
- 〈What A Wonderful World〉（主唱路易．阿姆斯壯〔Louis Armstrong〕）：欣賞這世界的美好，活在當下。
- 〈Living in the Moment〉（主唱傑森．瑪耶茲〔Jason Mraz〕）：活在當下。

快樂

- 〈天天晴朗〉（主唱蘇打綠）：把心打開。
- 〈你不是真正的快樂〉（主唱五月天）：找回真實，發現快樂。
- 〈笑忘歌〉（主唱五月天）：平凡的快樂也很偉大。

- 〈第二人生〉（主唱五月天）：人要能常常突破自己。
- 〈傷心的人別聽慢歌〉（主唱五月天）：當下快樂。
- 〈快樂頌〉（主唱庾澄慶）：快樂是很容易的事。
- 〈好心情〉（主唱S.H.E）：當自己，獨處也可以過得很好。
- 〈天使在唱歌〉（主唱S.H.E）：讓自己開心。
- 〈哲學家〉（主唱范瑋琪）：懂得生活的情趣。
- 〈懶得去管〉（主唱孫燕姿）：順其自然，拋開煩惱。
- 〈煩惱歌〉（主唱張學友）：放開一點，轉個念比較快樂。
- 〈擺開煩惱〉（主唱印象合唱團）：把心打開，擺開煩惱。

突破框框

- 〈花心〉（主唱周華健）：不要太封閉自己。
- 〈蝸牛〉（主唱周杰倫）：突破框框，尋找自己的一片天。
- 〈超人〉（主唱劉德華）：用智慧的轉念來改變命運。
- 〈繼續奔跑〉（主唱張心傑）：不要害怕挫折。
- 〈寶貝〉（主唱張懸）：每一個人都是最棒的。
- 〈阮若打開心內的門窗〉（主唱大小百合）：把心打開。
- 〈有些事現在不做 一輩子都不會做了〉（主唱五月天）：勇敢突破自己。

●〈改變自己〉（主唱王力宏）：自我轉變。

獨一無二

●〈Super Model〉（主唱S.H.E）：每個人都是獨一無二的。
●〈無與倫比的美麗〉（主唱蘇打綠）：每個人都是獨一無二的。
●〈隱形的翅膀〉（主唱張韶涵）：相信每個人心中有光明的能量。
●〈紅模仿〉（主唱周杰倫）：每個人都要做自己。
●〈對面的女孩看過來〉（主唱任賢齊）：尊重女性，每個女孩都不簡單。

回到本心

●〈橄欖樹〉（主唱齊豫）：回到本心。
●〈浮雲遊子〉（主唱陳明韶）：回到本心。
●〈來唱家鄉的歌〉（主唱譚荃中、吳明華）：回到心靈的故鄉。
●〈Take Me Home, Country Roads〉（主唱約翰．丹佛〔John Denver〕）：回到心靈的故鄉。

省思人生

●〈匆忙人生〉（主唱楊丞琳）：省思生命為何這麼忙。

- 〈忙與盲〉（主唱李宗盛）：省思太忙的人生。
- 〈塵緣〉（主唱羅文）：因緣。
- 〈人生如夢〉（主唱葉歡）：人生如夢。
- 〈這個世界〉（主唱蔡藍欽）：世界的真實樣貌。
- 〈人生公路〉（主唱詹雅雯）：不認命，不怕人笑。

表達愛

- 〈我想更懂你〉（主唱潘瑋柏）：親子好好溝通。
- 〈甲你攬牢牢〉（主唱江蕙）：人與人之間的互愛。
- 〈手牽手〉（藝人的抗SARS大合唱）：互助之溫情。

內在美

- 〈校園美女〉（主唱蔡藍欽）：外在美不能長久，內在美比較實在。

不要求完美

- 〈超人不會飛〉（主唱周杰倫）：做自己就好，不需要當神。

5. 正念覺察腦筋急轉彎

覺察

Q：長壽的祕訣是什麼？（A：保持呼吸，不要斷氣。）

Q：樹上有一百隻鳥，用什麼方法才能把牠們全部抓住？（A：照相。）

Q：為什麼一瓶標明劇毒的藥對人卻無害？（A：只要你不去喝它。）

活在當下

Q：報紙上登的消息未必都是真的，但是什麼消息絕對假不了？（A：日期。）

Q：世界上什麼東西以近二千公里的時速載著人奔馳，而不必加油或其他燃料？（A：地球。）

轉念

Q：當你對一件事忍無可忍時，你會怎麼處理？（A：可以去上廁所。）

Q：小張被關在一間並沒有上鎖的房間裡，可是他使出吃奶的力氣也不能把門拉開，這是怎麼回事？（A：推開門就行。）

認識自己

Q：有一個人，他是你父母生的，但他卻不是你的兄弟姊妹，他是誰？（A：自己。）

Q：有個地方發生了火災，雖然有很多人在救火，但就是沒人報火警，奇怪吧？（A：消防隊著火。）

面對死亡

Q：人在做哪一件事的時候，最好能閉上眼睛？（A：死的時候。）

Q：什麼東西做的人知道，買的人知道，賣的人知道，用的人卻不知道？（A：棺材。）

Q：我們會死的最主要原因是什麼？（A：因為我們出生。）

順其自然

Q：小明在街上散步時見到一張百元大鈔和一塊骨頭，最後撿回一塊骨頭，為什麼？（A：小明是一隻狗。）

Q：家有家規，國有國規，那動物園裡有啥規？（A：烏龜。）

Q：後腦勺受傷的人怎樣睡覺？（A：閉著眼睛。）

平等

Q：如果孔明活著，世界現在會有什麼不同？（A：多一個人。）

Q：老師和牧師有一個共同點，你知道是什麼嗎？（A：讓人打瞌睡。）

Q：孔子是我國最偉大的什麼家？（A：老人家。）

自我中心

Q：有名偷車賊，看到一輛凱迪拉克，他卻不動手，為什麼？（A：車是自己的。）

Q：一個即將被槍決的犯人死前最大願望是什麼？（A：穿防彈衣。）

Q：給情人送玫瑰花，給仇人送什麼花？（A：龜殼花。）

直接、輕鬆、不費力

Q：冰變成水最快的方法是什麼？（A：去掉「冰」的兩點水。）

Q：在機場忘了拿護照，怎麼樣才能在最短的時間裡拿到護照呢？（A：把包包打開。）

Q：至少要多少時間才能讀完清華大學？（A：一秒。）

根本空無

Q：為什麼小王被丟進獅子籠，卻全身而退？（A：因為獅子籠原本是空的。）

Q：大雄練就了「吃西瓜不吐籽」的絕招，到底他是怎麼練成的？（A：無籽西瓜。）

Q：森林裡有一條眼鏡蛇，可是牠從來不咬人，你知道為什麼嗎？（A：因為森林裡沒有人。）

框框限制

Q：手榴彈投擲時，班長告訴一個菜鳥，拉開手榴彈的保險之後，口中先數五秒再投擲出去，菜鳥一切照做，但仍被炸死了，為什麼？（A：因為他有口吃。）

Q：超人看到有人在銀行搶劫，為什麼不去阻止？（A：沒有電話亭。）

Q：有一隻青蛙和一隻狗，兩人比游泳。為什麼青蛙游不過狗？（A：因為禁止游蛙式。）

情緒的傷人

Q：富商陳屍書房之中，雖然牆上有三個彈孔，但他的身上卻沒有外傷，你猜是怎麼死的？
（A：對方槍法太差，笑死了。）

心靈自由

Q：被人家放了鴿子還很高興的是誰？（A：鴿子。）

瞭解別人

Q：換心手術失敗，醫生問快要斷氣的病人有什麼遺言要交代，你猜他會說什麼？（A：其實你不懂我的心。）

眾生一體

Q：Kiss是什麼詞性？動詞，形容詞還是名詞？（A：連詞。）

因緣生滅

Q：離婚的主要起因是什麼？（A：結婚。）

完美主義

Q：小明稱讚女朋友的新衣服「十分漂亮」，但卻被女友打，為什麼？（A：因為滿分一百分。）

人各有長

Q：一隻雞，一隻鵝，放冰箱裡，雞凍死了，鵝卻活著，為什麼？（A：因為牠是企鵝。）

做根本的事

Q：你手拿著弓箭，夜晚看見兩個狼人，你會先射哪一個？（A：月亮。）

逃避

Q：小華說他能在一秒鐘之內把房間裡的玩具都變消失，這可能嗎？（A：把眼睛閉上。）

6. 正念覺察分級表

這種分級只是一種激勵孩子練覺察的方法，因為有涉及比較高下，只當作輔助學習之用，不一定要使用。

初級

第1級：能覺察靜坐、站立、身體動作十秒。
第2級：能覺察靜坐、站立、身體動作三十秒。
第3級：能覺察靜坐、站立、身體動作一分鐘。
第4級：能覺察靜坐、站立、身體動作兩分鐘。
第5級：能覺察靜坐、站立、身體動作三分鐘。

中級

第6級：能覺察靜坐、站立、身體動作五分鐘五次。
第7級：能覺察靜坐、站立、身體動作十分鐘五次。
第8級：能覺察靜坐、站立、身體動作二十分鐘三次。
第9級：能覺察靜坐、站立、身體動作三十分鐘三次。
第10級：能覺察靜坐、站立、身體動作四十分鐘兩次。

段位

第1段：能每天在寫功課前覺察三分鐘。
第2段：能發現覺察的樂趣每天自動做十分鐘。
第3段：能覺察情緒突破自己的困境（寫出或說出五十次心得）。
第4段：能教導別人或分享覺察的經驗。

「正念覺察分級表」請見下頁。

	姓名	1級	2級	3級	4級	5級	6級	7級	8級	9級	10級	1段	2段	3段	4段	破框次數
1																
2																
3																
4																
5																
6																
7																
8																
9																
10																
11																
12																
13																
14																
15																
16																
21																
22																
23																
24																
25																
26																
27																
28																
29																
30																
31																
32																
33																

7.學生的回饋與反思（上）

關於學習與情緒的回饋

學生們分享了他們以自我覺察喚醒學習力、調整情緒力的心得，這些心得都是由他們親口陳述。通常只要有用心在做的學生，都會對自己的學習專注、情緒變化有更多自由選擇的機會。

喚醒學習力

凱文：「覺察可以幫我冷靜、控制情緒，讓我把功課寫得更快、更好。」

克萊兒：「最近常常很累，不想寫功課，但有一天我只是把注意力放在紙和筆上，就把功課一下子寫完了。」

艾倫：「覺察幫我把心靜下來，最近這次考試也幫我找到四題錯誤，讓我考上九十分。」

音速：「考國語時，我一開始不會，寫完以後我覺察一下再去檢查，發現原本不會的字會寫了，救回了八分。」

珍妮：「上次寫數練時，不知道是不是比較難，一開始都不會寫，怎麼想都想不出來，後來我一直觀察自己寫的感覺，就好像什麼都會了，一下子就寫完，還全對，我覺得很神奇。」

調整情緒力

艾倫：「我的脾氣之前不太好，別人講我，我就直接很嚴厲地罵他，現在有一點改變，別人罵我時，我會先吸一口氣再決定要不要罵。曾經在覺察時覺得全身很放鬆，背挺直直的，覺得有一點放空，聽旁邊的聲音和呼吸，覺得很放鬆。」

珍妮特：「我的脾氣跟以前差很多，三、四年級的時候其實我的個性很恐怖，升五年級以後就不會像以前那麼暴躁，但偶爾還是會打人。前幾天圍棋比賽輸了兩場，心情很受傷，利用覺察後平復了自己的心情，繼續努力。」

肯尼：「老師說用覺察，功課會寫得比較好、比較快，我沒有感覺，但是當我被罵，感覺很沮喪、很激動時，做覺察就很有用。」

哈利：「幾天前我在晚上看了一本很恐怖的鬼故事書，嚇得不敢一個人洗澡，做了覺察後發現比較輕鬆，也敢一個人洗澡。」

貞妮：「我很常哭，用覺察可以平復自己的心，對於班上有一些同學，覺得覺察很煩沒有用，一開始我也是這麼覺得，但等他們找到老師說的心靈寶藏時，就會知道覺察會讓你很愉快、很輕鬆。」

8.學生的回饋與反思（下）

「批評覺察」的辯論

除了教覺察於無形，還有另一種是「批評覺察」的覺察教育法。有時要讓學生接受一件事，就要試著讓他們說出真心話，甚至講批評的話，讓他們發洩一下不滿，這是「以退為進」的教育方法，在覺察教育上也是如此。

有一次，我在班上舉辦了一場辯論會，主題是：「覺察到底有沒有用？」請同學毫不保留地發表自己的看法，現場辯論精采，雖然火藥味彌漫，但也趣味十足。

做覺察是沒有用的嗎？

首先，由認為覺察無效的凱蒂發聲：「我認為覺察是沒有用的，我們全班三十幾人，只有幾個人有體會覺察的快樂，其他人不常成功，不是每一次都有用，而且愈做愈煩，所以我覺得覺察是沒有用的。」

布沙：「凱蒂剛剛不是說有人有效嗎？那就代表覺察是有用的，最後她卻說沒用，這樣很矛盾。」

我也發言：「意思是說別人做得到，你做不到，那是你自己的問題？」

布沙：「對！」

凱蒂反駁：「我的意思是大部分的人都不行，因為有效的人都是對它比較有興趣，大部分人幾乎都是不行的，只有一些人可以。」

朵莉絲：「只有少部分人感覺得到那種快樂，也是有幫助，不是說少部分就沒有用啊！」

全都是「先入為主」導致的嗎？

「反覺察大將」肯尼說話了：「少部分認為有效，可能是先入為主，認為這個東西是有效的，所以就給自己洗腦。」

我也點點頭。「好像有道理，先入為主。」

楚門的想法不一樣，他說：「不是這樣，我是五年級的時候認為沒用，但是六年級時就變得很有效。」

我故意又開口：「楚門的經驗否定了肯尼講的先入為主，因為他是後來變得有效的。」

丹：「我們怎麼知道有用？怎麼知道他有做？怎麼知道他們說的有效？說不定是他們編出來的？」

珍妮特：「不是！以我實際的例子來說，上次我參加本土語市賽，我有做覺察，導演還幫我拍攝影片，這就是證明我們有做，而且我覺得幫助我念得比較順。」

布沙也發表覺察心得：「我覺得覺察是有用的。有一次被家人誤會我去玩電腦，其實我沒有，我本來很生氣，後來我覺察一下發現，是我以前騙過媽媽，所以就決定不生氣。」

肯尼又嗆布沙：「你可以直接跟媽媽說你沒有打電動啊！這件事不必用覺察也可以做到好嗎？」果然是「反覺察大將」，說出覺察有用的同學都被肯尼圍剿。

「為什麼？」的思辨

後來大家安靜了下來，我一改以往支持覺察的立場，開始講反話：「覺察根本沒有用。」

肯尼很有興趣地問：「為什麼？」

我說：「因為人通常是被情緒拉著走的，不是過度跟隨情緒，就是不敢表達出來，所以做覺察一百次，大概只有一兩次會有幫助，其他都是在應付老師。」

有人猛點頭，有人則很好奇地問：「所以呢？」

我說：「所以老師要你們寫覺察日記，編一下就好了，而且最主要的是覺察無聊到爆！為什麼不去打電動、看電視、玩遊戲？生氣時直接嗆就好了啊！這樣不是比較過癮嗎？還覺察煞車咧！直接撞上去就好了。」

肯尼發現了我話中有話，回我：「老師，你這樣講是隱隱在支持覺察！」

我會心一笑，但是被我這樣一激，一些認為覺察有效的人開始講話了。

「雖然一百次有一兩次，但還是有幫助啊！」丹尼爾說。

「雖然一百次成功一兩次，但是那九十八次失敗也有幫助，就像愛迪生發明電燈，也是失敗了很多次才成功的。」山姆說。

就在正反兩方的意見不相上下時，肯尼語出驚人，竟然沒有繼續狠批覺察。

「我覺得有時覺察是無用的，但有時也有用，像老師說的覺察可以幫助寫功課變快，我都沒感覺，但是當我情緒崩潰時也會做覺察，結果卻有用。」物極必反，也許讓他狠狠地批評覺察後，他才會注意到對自己有用之處。

發洩與平衡

平常都是我直接讓孩子們練習覺察，沒問過他們到底喜不喜歡，這樣一堂課讓他們各自表達了想法，你來我往，全心投入，就算是一直表達覺察無用的人，也是一種發洩與平衡。

最讓我驚訝的是「反覺察大將」肯尼的一番話。他說：「我覺得做覺察有一個實質的幫助，就是因為老師有做覺察，所以不會像我們以前的老師那樣亂發飆。」

從頭到尾，全班以肯尼最為反對覺察，言語非常犀利，所以這一小段話更顯真實。一點也沒錯，我真的是因為常常在當下有了自我覺察，所以常常抓到自己的生氣心魔。很久以前我只是個「好老師」，接觸了覺察之後，才開始學做「真老師」：聽真話，說真理，卸下面具，放下身段，所以每天都會看到學生展現自己的真實活力，班上的孩子既會在我面前說粗話（當然會被我制止），但也會在我面前耍寶，說他們愛老師。

的確，覺察教育有助於提升孩子們的健康、快樂、學習效能和幸福，但是，任何以強壓的方法都是另一種的「填鴨」，既然教覺察，就不要怕被批評。

聽到孩子的真話後，我們做大人的才更有機會真心地檢討改進。先讓孩子暢所欲言，我們也才有機會讓他們改變對覺察的刻板印象。我想，這就是教育的藝術。

9. 家長的褒與貶

五花八門的反應

對於讓孩子們做覺察教育，家長的想法有些分歧，有些家長覺得很好，感到小孩有很大的改變。有些家長卻擔心會不會太早教了，並疑惑覺察和宗教有沒有關係，會不會影響到孩子的宗教信仰。也有家長認為我這個老師不管做什麼，都會提到「覺察」，會不會太走火入魔了。

其實，覺察的效果是有其科學實證研究的。我本身沒有任何宗教信仰，教孩子做自我覺察，只是一種引導孩子調心、安心的方法，不屬於任何一個宗教，不管任何信仰的人都可以練習，還可以提升禱告時的專心度。

後來在孩子畢業前夕，有家長回饋我：「感謝老師兩年來的回饋，讓艾倫盡情發揮他的興趣和運用不一樣的學習方法，留下美好的童年回憶，謝謝您！」

不同的意見看似是阻力，但是因為「開放接納」的心胸，反而讓阻力變成了助力。所以，虛心聆聽和檢討反思對一個老師是很重要的。

改變的實際例子

哈利的爸爸原本以為覺察是宗教，後來才發現不是，而且覺得哈利自從學了覺察後，數學粗心的犯錯減少了，進步很多。他覺得這種方法應該從小就要教，並跟我說，畢業後還會提醒哈利要繼續練習。

克萊兒的媽媽說，克萊兒的個性很衝動，又很容易緊張，但是五年級學了覺察後，她常常能靜下心來了。媽媽非常開心看到女兒的改變，還說她也要和女兒一起做練習。

丹尼爾的父母則提到，自我覺察對於兒子的情緒調適有很大的幫助。他參加比賽輸了的時候，不像以前那麼容易哭，只見他稍微難過一下就沒事了，個性裡的完美主義真的有減少一些。

班上有個叫珍妮特的孩子，她很熱心，喜歡幫老師做事，但是她比較浮躁，偶爾還會跟妹妹吵架。在班上帶著上做了一段時間的覺察練習後，她的媽媽告訴我：

「我看班級臉書，常看到張老師在靜坐，問珍妮特，老師在做什麼？她說：『在做覺察啊！』我問：『什麼是覺察？』她說：『就是讓腦袋冷靜下來。』珍妮特還說，她在考試前有深呼吸做覺察，就會多檢查出一題粗心寫錯的答案。以前她不太敢自己一個人睡，經過練習覺察後，心靜下來，現在可以關燈，戴眼罩自己入睡了。」

一對父母的心聲

學生從國小畢業後，我不時仍與他們保持聯絡，也透過他們的爸媽，繼續關注孩子的學習和生活，其中一位學生「琳」的爸媽與我分享了女兒的情況。

琳的媽媽寫道：

琳真的很幸運！能遇到您這樣有遠見的好好好好好老師，非常謝謝您這兩年對琳的照顧，讓她跟我都改變和進步了，感謝您！您把孩子們都教得非常好，真是帶「心」的好老師，您給孩子們的超乎想像的多。她大概是全班最快樂的國中生，大家忙補習、讀書，我家琳九點半就睡覺了。

星期六還去學校管樂隊打鼓，原本我還很擔心她的成績，看來勉強可以。

很多小學成績不錯的學生，上國中遇到強勁對手時，考不好都很難過，琳總是在電話裡安慰同學，人生還有很多事，人不是完美的，接受自己的不完美，大哭一場再繼續努力就好。琳在學習覺察之後說，她喜歡現在的自己，會難過、會生氣、會高興、會替別人著想，會盡量讓自己不受情緒魔魔控制。

我也常常被琳激怒，但是仔細想想老師說的覺察，我暫時放下情緒，觀察我的孩子。其實孩子很棒，很體貼、很孝順，也會關愛父母，只是很多時候當父母的太心急了，以至於忽略了孩子的表現。我也向我的孩子學習覺察，每天盡量開心地開始工作，工作很煩時，自己感覺自己的情緒，做深呼吸，放慢腳步，調整心態，不好的感覺仍在，但是影響力變小了，工作力也提升了。

琳的爸爸寫道：

覺察是幫助人認識自己很重要的一種練習，學生藉由張老師的引導，熟悉必要的技巧，讓自我的內在不斷被喚醒與提升，脫離負面個性與失敗陰影，並增進潛能與自信心，奠定成功人生的良好基石。小女有幸在張導師的指導下，多次走出生活的胡同，迎接正向與光明，這對於小六畢業生來說，是一項影響終身的體驗，直至目前國中生活亦受益無窮。感謝張導師的積極與用心，讓更多孩子獲益，翻轉人生逆境，祝福您教學順利，造育更多人才。

看完這段文字，我紅了眼眶。這麼多年對覺察教育的努力，總算看到了一點成效。

把家長當作是朋友

和家長溝通是很重要的，把家長當作是朋友對待，其實就沒有所謂的怪獸家長。常常能站在對方的角度看事情，讓自己原有的看法先放一邊，用心聆聽對方的想法，關係就很有機會改善，有時勇敢面對別人的質疑和批評，也許那些批評會變成成長的動力。身為老師，更需要練覺察。除了教學生調整自己，老師自己也要樂於覺察與改變，才不至於一面對批評就非常挫折，而生倦怠感。自我覺察，對於與家長建立和諧的關係也有幫助，親師關係良好，不但老師教學更得心應手，孩子學習也能更自在。

10. 老師的分享與回饋

「心靈教改」的新興力量

正念覺察教育是未來教育的一大主流，這是必然的趨勢，因為它是有科學研究的實證，沒有宗教性，而且可以全面地幫助學生，我稱為是「心靈教改」的新興力量。

連續兩年寒假，我主辦了共兩次正念覺察教師研習營，第一屆的學員只有五位，第二屆時暴增至一百三十名。

在研習營中，由我與幾位專家們分享正念覺察教育的理論內容與實務經驗，同時帶領伙伴們練習正念，期望能讓這個很簡單卻很有效的心靈方法慢慢影響每一個人。

以下是學員們的分享。

期望孩子獲得幸福

●正念覺察在孩子身上發揮了很好的效果，而且愈早開始教愈好，老師和大人先有了正念的能量，才可以帶給孩子改變的力量。

●拋除雜念，活在當下，慢慢輕鬆看。我第一次那麼認真地去感受身體、呼吸，和走路，原來覺察那麼的單純和快樂，情緒的反應，身體都知道，當覺察後，一切就輕鬆自在。

●很實用有趣，希望能幫助親子關係，提供正向的互動。

●我是一位教了十五年書的國中老師，但是愈來愈不快樂。真的很高興來參與研習，這次最大的收穫就是知道如何覺察，以及實作練習。

●感謝用心的張老師，為了家長和老師設計那麼豐富、實用的教學研習。講師們的熱血也感染了我，回家後，我會將今天學到的內容與感動，結合自己的課程，讓自己的教學更深化，也期望孩子能透過我的課程，獲得幸福。

張皓亭老師的經驗分享

還有一位好友張皓亭老師也跟著我一起身體力行，在自己的班上推動覺察教育，帶領學生在健康、學業、情緒和行為上，都獲得不少成功經驗。讀著皓亭老師的學生所寫的這些覺察心得，很讓人感動，也令我想起自己帶的孩子們。

◆ **情緒的覺察心得**

●做這個動作之前，心情會亂亂的，中間的時候會感覺到溫暖，之後你的心情會變得很愉快。

●覺察後漆黑的視野，見到一道光，感覺有一種新鮮感，就覺得好像找到了一個新方向、新世界。

●在緊張時覺察，就可以比較不緊張。（**註：接納觀察緊張，緊張就放鬆了。**）

●覺察太棒了，因為我終於發現，如果下課來能常常覺察，那麼就算不能下課也很開心。（**註：覺察能幫人突破困境。**）

●現在我生氣或傷心時都會做覺察，因為它真的太好用了，可以把我的不高興都排掉，甚至可以讓我變開心，還有在任何比賽前，我都會先做覺察，上台後雖然手腳都會抖，但是我的心裡一點也不緊張，我也要和老師一樣不斷練覺察。（**註：和緊張同在，容許緊張，反而會不緊張。**）

●今天打掃時，同學叫我幫忙倒垃圾，因為我的工作還沒做完，所以不高興。我做了覺察之後，不僅想要去倒，而且發現垃圾並不多，只是舉手之勞。（**註：覺察的轉念工夫。**）

●我覺得每次生氣的時候，到房間覺察十到十五分鐘，心情就會微微的快樂。哀傷時做覺察，心情不再那麼不好。快樂時用覺察，比較不會發生悲劇。（**註：覺察可以讓情緒流動，少被情緒牽引。**）

●晚上做覺察之後，真的比較不會害怕。（**註：覺察可以讓情緒平靜、自然，少害怕，因為害怕的感覺通常是人編造出來的。**）

◆**行為自律的覺察心得**

●我覺得覺察就是往內心看，透過它就有可能掌握自己。

●當有人幫倒忙時，我就會覺察到他也是因為好意才幫我忙的，所以就氣消了。

●今天和姊姊吵架，原本超生氣的我，在做覺察的同時，我也思考了一下，會害人害己，害自己長白髮，還會讓別人受傷。還好有覺察，不然會吵得不可開交。**（註：覺察可以讓主管衝動的腦部杏仁核縮小，情緒平穩。）**

●星期六晚上我和弟弟吵架又打架，起先他跟我一起寫安親班的功課，不知道為什麼就開始搶我的橡皮擦，力氣愈用愈大，他差一點跳到我身上，當時我深呼吸馬上心情好轉，不再生氣了。**（註：深呼吸再觀察它，真的有助於生氣的調控。）**

●今天早上妹妹偷拿我的東西，被我發現了，原本我會大發雷霆，但是妹妹快要哭了，我想起老師教的覺察，所以就只告訴她下次不要再做這種事了，這是犯法的。我要感謝老師教我覺察，不然鄰居可能會聽到我罵人的聲音。**（註：覺察讓人更理性。）**

◆**作業考試的覺察心得**

●我放學寫功課前先覺察，告訴自己不要再玩筆和尺，或看電視，靜下心來寫，一下子就寫好了，以前要兩小時才寫好。

●昨天我在寫功課時有做深呼吸，一般我在寫甲、乙本時都需要兩、三個小時，這一次我只花了三十分鐘，實在太有用了。**（註：覺察有助於專注力的培養。）**

●我寫作業時總是會粗心，但是只要我先做覺察，錯誤就會減少。**（註：覺察可讓人清醒。）**

●我覺得寫功課先做一次覺察真的有用，不但寫功課的速度變快，也不會被打擾，所以寫作業前先做一次覺察真的很重要。

●本來小日記寫不出來，媽媽叫我用覺察，結果我寫出一半的文字，媽媽說我很強。**（註：覺察有助於靈感的開發。）**

●我覺察後花三十分鐘就寫完功課，全家都嚇了一跳，搶著問我說：「你怎麼突然就寫完功課了？」我默默地沒有回答，其實我也不知道為什麼會這樣。**（註：這是實話，因為覺察就是一種內在本有的強大力量，它的運作常常是在潛意識進行，不是我們有限的大腦可得知的。）**

◆身健調養的覺察心得

●覺察時，我覺得我的身體好像變得輕飄飄的，好神奇喔！

●今天體育課跑步時，我有停下來覺察一下，只要用覺察把累放下來，跑起來就變得比較輕鬆了。**（註：覺察會讓人平衡、放鬆。）**

●我喜歡做覺察，因為只要做覺察，我馬上就精神滿滿。**（註：覺察會讓人提起精神。）**

●我原本坐車半小時就暈車了，但是現在延到一個小時才會暈。

「慢慢輕鬆看」，再簡單不過

自我覺察所帶來的改變，不是很花俏酷炫，但是卻能讓「感受系統」替代「思維系統」，進而開發我們內在的「穩定系統」，每一次的變化都實在而有效益。

而要達到最終的定靜，不過就是「慢慢輕鬆看」，每天對自己的呼吸、身體和念頭，練習「慢慢輕鬆看」，再簡單不過！

國家圖書館預行編目資料

全班都零分：以自我覺察喚醒孩子的學習力／張世傑著. ——初版. ——臺北市：寶瓶文化, 2016. 03
面；　公分. ——（Catcher；081）
ISBN 978-986-406-050-4（平裝）

1. 教育 2. 文集

520. 7　　105003559

Catcher 081
全班都零分——以自我覺察喚醒孩子的學習力

作者／張世傑

發行人／張寶琴
社長兼總編輯／朱亞君
副總編輯／張純玲
資深編輯／丁慧瑋　編輯／林婕伃
美術主編／林慧雯
校對／丁慧瑋・陳佩伶・劉素芬・張世傑
營銷部主任／林歆婕　業務專員／林裕翔　企劃專員／李祉萱
財務主任／歐素琪
出版者／寶瓶文化事業股份有限公司
地址／台北市110信義區基隆路一段180號8樓
電話／(02) 27494988　傳真／(02) 27495072
郵政劃撥／19446403　寶瓶文化事業股份有限公司
印刷廠／世和印製企業有限公司
總經銷／大和書報圖書股份有限公司　電話／(02) 89902588
地址／新北市五股工業區五工五路2號　傳真／(02) 22997900
E-mail／aquarius@udngroup.com

著作完成日期／二〇一六年一月
初版一刷日期／二〇一六年三月三十日
初版三刷+日期／二〇一九年七月十一日
ISBN／978-986-406-050-4
定價／三二〇元

AQUARIUS 寶瓶 文化事業

愛書人卡

感謝您熱心的為我們填寫，
對您的意見，我們會認真的加以參考，
希望寶瓶文化推出的每一本書，都能得到您的肯定與永遠的支持。

系列：Catcher 081　**書名：全班都零分——以自我覺察喚醒孩子的學習力**

1. 姓名：＿＿＿＿＿＿＿＿ 性別：□男 □女
2. 生日：＿＿＿年＿＿＿月＿＿＿日
3. 教育程度：□大學以上 □大學 □專科 □高中、高職 □高中職以下
4. 職業：＿＿＿＿＿＿＿
5. 聯絡地址：＿＿＿＿＿＿＿＿＿＿＿＿＿＿＿＿＿＿＿＿

   聯絡電話：＿＿＿＿＿＿＿＿ 手機：＿＿＿＿＿＿＿＿
6. E-mail信箱：＿＿＿＿＿＿＿＿＿＿＿＿＿＿＿＿

   □同意 □不同意 免費獲得寶瓶文化叢書訊息
7. 購買日期：＿＿＿年＿＿＿月＿＿＿日
8. 您得知本書的管道：□報紙／雜誌 □電視／電台 □親友介紹 □逛書店 □網路 □傳單／海報 □廣告 □其他
9. 您在哪裡買到本書：□書店，店名＿＿＿＿＿＿ □劃撥 □現場活動 □贈書 □網路購書，網站名稱：＿＿＿＿＿＿ □其他＿＿＿＿＿＿
10. 對本書的建議：（請填代號 1.滿意 2.尚可 3.再改進，請提供意見）

    內容：＿＿＿＿＿＿＿＿＿＿＿

    封面：＿＿＿＿＿＿＿＿＿＿＿

    編排：＿＿＿＿＿＿＿＿＿＿＿

    其他：＿＿＿＿＿＿＿＿＿＿＿

    綜合意見：＿＿＿＿＿＿＿＿＿＿＿＿＿＿＿＿＿＿＿＿＿＿＿＿
11. 希望我們未來出版哪一類的書籍：＿＿＿＿＿＿＿＿＿＿＿＿＿＿＿

讓文字與書寫的聲音大鳴大放

寶瓶文化事業股份有限公司

（請沿此虛線剪下）

廣 告 回 函
北區郵政管理局登記
證北台字15345號
免貼郵票

寶瓶文化事業股份有限公司 收

110台北市信義區基隆路一段180號8樓

8F,180 KEELUNG RD.,SEC.1,

TAIPEI.(110)TAIWAN R.O.C.

（請沿虛線對折後寄回，或傳真至02-27495072。謝謝）